本书出版得到国家自然科学基金青年项目“异质性企业视角下财政压力对环境污染的影响机制（批准号：71803015）”，中国博士后科学基金项目“人口流出与流出地经济发展：模型、实证和政策意涵（资助编号：2016M601569）”的资助

土地 财政

实践认知、理论思辨与转型对策

许宏伟◎著

中国社会科学出版社

图书在版编目（CIP）数据

土地财政：实践认知、理论思辨与转型对策/许宏伟著．—北京：中国社会科学出版社，2021.7

ISBN 978-7-5203-8738-5

Ⅰ.①土… Ⅱ.①许… Ⅲ.①土地制度—财政制度—研究—中国 Ⅳ.①F321.1

中国版本图书馆 CIP 数据核字（2021）第 138036 号

出 版 人 赵剑英
责任编辑 刘晓红
责任校对 周晓东
责任印制 戴 宽

出　　版 中国社会科学出版社
社　　址 北京鼓楼西大街甲 158 号
邮　　编 100720
网　　址 http://www.csspw.cn
发 行 部 010-84083685
门 市 部 010-84029450
经　　销 新华书店及其他书店

印　　刷 北京君升印刷有限公司
装　　订 廊坊市广阳区广增装订厂
版　　次 2021 年 7 月第 1 版
印　　次 2021 年 7 月第 1 次印刷

开　　本 710×1000 1/16
印　　张 11
插　　页 2
字　　数 119 千字
定　　价 58.00 元

前　言

改革开放以来，中国经济能够持续快速发展很大程度上得益于转型期中国所具有的改革红利、人口红利和资源红利等的释放。城市化背景下城市偏向战略的实施，使各类要素加快向城市聚集。要素在空间上的再配置，带来了实物资本和人力资本的快速积累，居民需求快速增加，有力地推动了转型期的经济增长。与此同时，政治集权与经济分权模式下的地方政府也实现了自身的扩张。伴随城市化与经济的高增长，地方政府通过对土地资源和公共物品供给的控制，不断地扩大收支规模，拓展政策空间，加速发展红利的释放。土地财政正是中国经济转型与发展过程中，地方政府扩张的产物。

不可否认，在过去相当长的一段时期内，土地财政对推动中国经济发展做出了重要贡献。土地财政不仅解决了地方政府的财力紧张，为基础设施建设提供了强力的资金支持，同时也为中国式经济分权模式下地方政府主观能动性的发挥提供了激励。然而，土地财政本身所具有的城市偏向性使土地财政规模快速膨胀，与其相伴随的各种问题也日益凸显。

一方面，城市偏向的土地财政模式造成城市房价高居不下，人口城市化严重滞后于土地城市化，城乡矛盾、官民矛盾不断激化；另一方面，城市偏向的土地财政模式所导致的产业结构、收入结构、消费结构等的扭曲，加剧了中国转轨过程中经济发展的失衡；此外，地方政府对土地财政的过度依赖，使地方财政风险以及由土地融资活动等可能引致的金融风险大幅上升。

本书从中国式转轨过程和政府行为的视角，将财政改革、土地制度、政府行为、经济发展纳入同一框架，分析土地财政产生的外部条件、生成机理以及其对经济发展的影响，并提出了进一步深化改革的政策安排。围绕这一线索，本书主要分为六章展开论述。

第一章为导论。主要对本书研究的背景和意义进行了阐述，对土地财政研究的最新研究成果和进展进行了回顾。随着改革的不断深入和经济社会的快速发展，中国的城市化进程也快速推进，城市空间快速扩张、土地二元制度和分税制后地方财权的弱化，为地方财政走向“土地财政”提供了条件和动因。土地财政规模快速增加，对经济社会发展的影响也日趋显著。土地财政作为中国经济转轨中的一种特有现象，对其进行深入研究，对于破解现阶段的土地财政难题，深化经济体制改革，明确财税体制改革方向，具有十分重要的现实和理论意义。近年来，学者围绕土地财政问题展开了较为广泛的研究，但由于土地财政问题出现时间较短，涉及领域较广，对其进行的研究还有待进一步的深入。

第二章为城市偏向的增长型政府财政行为：土地财政的

生成机制。在已有研究的基础上，进一步探索了现阶段土地财政产生的原理和机制，重点关注在中国特殊的经济环境和制度条件下，从工业化主导向城市化主导的结构转变中的政府行为特征及其演进方式。土地财政是中国经济体制转轨过程中一个阶段性的财政现象。土地财政的生成过程也是城市化主导下的结构转变与土地资本化的过程。滞后于经济发展阶段的土地制度、不完善的财政分权制度以及地方政府城市偏向的短期增长行为共同造成了现阶段土地财政的不合理膨胀。通过对地方政府土地利用行为演进过程的分析表明在中国的渐进式改革过程中，地方政府会利用自身的信息优势与可选择资源和政策实现自身效用的最大化。在现行激励约束机制下，地方政府必然会选择通过对土地资源的过度开发推动经济的快速增长。基于世代交叠模型的分析进一步印证了对地方政府行为约束不足是导致土地利用粗放低效的重要原因。从短期来看，解决土地财政问题应从完善财税体制，加强对地方政府行为的约束着手；从长期来看，应从根本上纠正经济发展过程中长期存在的城市偏向。

第三章为土地财政的经济增长效应：理论分析与实证检验。对土地财政的经济增长效应进行理论分析与实证检验，重点分析土地财政影响经济增长的路径与数量关系。首先对土地财政的收支结构进行了分析。从收入构成来看，土地财政涉及内容广泛，既涉及地方政府的预算内收入，又涉及地方政府的预算外收入；土地财政收入构成复杂，既有一次性收取的土地出让金、耕地占用税等，又包含土地增值税和土地使用税等；土地财政与地方政府具有天然的密切联系，具有明显的偏向性。从支出安排来看，中央政府对地方政府在土地财政支出安排方面，从投向到支出程序都已经做出了较多的规定。但地方政府往往并非严格按照规定进行支出安排，而是基于自身效用的最大化安排土地财政支出，使土地财政对经济增长的影响变得更加复杂。在现行以土地出让金为主要构成的土地财政模式下，作为地方政府的一种短期行为，短期内由于其对经济周期的依存度很高，会伴随经济周期的波动和宏观政策的变化，产生大幅震荡，并反作用于经济增长。长期内由于其不可持续性和城市偏向性会导致经济结构的扭曲。基于中国省级数据的面板 VAR 分析也表明，土地财政在中国经济增长与城市化过程中发挥着重要作用。同时，土地财政的不稳定也会对经济增长产生影响，给未来中国经济能否实现持续稳定增长带来较大不确定性。

第四章为土地财政的经济结构效应：城市偏向与异质影响。重点分析了土地财政对城乡收入、产业结构和城乡消费结构等的影响。中国目前仍处于经济转轨进程中，政府主导下的结构转型与市场增进，将大量的经济资源用于发展工业化和推进城市化，这种城市偏向的非均衡经济发展战略，使中国经济实现了超常规的快速增长。但长期的非均衡战略的实施，必然会带来资源配置的扭曲和城乡收入差距的拉大。土地财政即是这种非均衡发展战略下城市偏向政策的具体体现。对土地财政收入与支出的分析表明，土地财政具有明显的城市偏向。土地财政的收支过程会对城乡居民产生异质性影响。一方面，土地二元制度支撑了现阶段城市的低成本扩张，同时，导致城乡间贫富差距不断扩大；另一方面，土地出让收入支出安排的城市偏向扩大了城乡居民在公共服务和基础设施方面的差距，阻碍了人口城市化。城市偏向下的土地财政不仅会使城乡结构日益失衡，同时还会在财富再分配、产业结构、资源配置、住房供求等方面产生扭曲效应。土地财政对城乡居民消费的异质性影响正是这种扭曲效应的具体体现。因此，进一步深化改革迫切且无法回避。运用年度面板数据对土地财政对城乡居民消费影响的实证分析表明，土地财政对城镇居民的消费支出产生了显著的挤入效应，而对农村居民的影响并不显著。

第五章为后土地财政时期的经济社会风险：生成机制与传导路径。从生成机制与传导路径两方面，对后土地财政时期的经济社会风险进行了梳理和总结。土地财政的发展分为起步、发展、退出三个阶段。目前，中国已进入土地财政逐步退出阶段即后土地财政时期。在后土地财政时期，由于土地财政的规模将不断下降，前期发展所累积的各种风险会逐渐显现。这些风险包括财政风险、金融风险、社会风险以及其他风险。财政风险主要有不可持续、易波动、代际失衡、隐性债务过大等；金融风险主要为金融机构支撑下的地方政府盲目投资建设和地价、房价泡沫破裂的信贷风险；社会及其他风险主要为城乡差距扩大与社会矛盾激化、引发群体性事件和滋生腐败寻租等。对后土地财政时期经济社会风险的系统梳理，有助于理解城市偏向视角下的土地财政及其对经济发展的影响，为改革政策的提出提供参考。

第六章是转型对策。随着中国经济改革进入深水区以及人口红利和资源红利的逐步走向衰竭，中国经济发展面临着越来越严峻的挑战。土地财政问题的解决对于当前中国进一步完善财税体制、深化经济体制改革至关重要。本章重点从土地制度改革、财税体制革、国家治理体系构建等角度系统地提出了破解中国“土地财政”难题的政策与建议。

本书研究的一个重要特色是从转轨过程中的制度变迁和政府行为演变的角度，分析土地财政、解释中国经济增长。对土地财政这一特定发展阶段的特有现象，从制度变迁、政府行为、经济发展、经济社会风险等多个角度展开分析。虽然围绕土地财政问题进行分析，但并不局限于问题本身，而是从整个中国经济转轨过程出发，将该问题置于转轨时期经济增长与结构调整的框架内，拓宽了以往经济增长理论与财政理论研究的范畴。具体地说，本书的创新之处在于：（1）提出转轨时期中国土地财政问题的多重属性，在总结西方经济增长理论的基础上，将中国经济转轨过程的特殊性进行提炼，总结并发展出中国政府行为的作用与传导机制，尤其在促进经济增长方面。（2）对土地财政的生成机理及作用路径进行了较为系统的定量分析，并以此为依据刻画城市化、财政制度变迁与经济发展的多维关系转变，提升实证分析的科学性。

目　录

第一章

导论

近年来，土地财政问题受到了社会各界的普遍关注，也已成为21 世纪以来学术界研究的热点。土地财政是在中国体制转轨过程中伴随财政体制改革和快速城市化进程而出现的政府收入对土地的过度依赖现象，主要表现为以国有土地出让收入为主的土地资产性收入在地方政府收入中占比过高。同时，土地财政还引发了城乡差距扩大、产业结构失衡、农民失地与城市拆迁纠纷等经济社会问题。作为中国经济体制转轨过程中的一种特有现象，土地财政是中国渐进式改革的产物，一方面具有明显的阶段性特征，另一方面具有显著的城市偏向性。土地财政问题的解决不仅对于当前中国进一步完善财税体制、深化经济体制改革至关重要，同时对于其他发展中国家的经济社会发展转型也具有重要的借鉴意义，非常有必要进行深入而全面的研究。

第一节　选题背景及意义

一　选题背景

改革开放以来，财税体制改革无疑一直是中国经济体制改革的“排头兵”，经历了从计划经济时期的分成制到改革初期的财政包干制，再到 1994 年后的分税制等一系列的变迁。随着改革的不断深入和经济社会的快速发展，中国的城市化进程也快速推进，特别是自 20 世纪 90 年代以来，城市化进程加速趋势明显，城市空间快速扩张。城市化快速推进、土地二元制度和分税制后地方财权的弱化，为地方财政走向“土地财政”提供了条件和动因。通过大规模的出让土地、土地融资、兴建经济开发区等方式为城市建设进行直接或间接筹资、增加政府收入成为地方政府的普遍选择。这使地方政府的可支配财力对土地及相关产业产生高度依赖。尤其是近年来，随着房地产业的迅猛发展、房价的“久调不下”，“土地财政”逐渐为人们所熟知，成为各界关注和争论的焦点。

土地的城乡二元结构是中国目前土地制度的主要特征。根据 2004 年修订后的《中华人民共和国土地管理法》的规定，“中华人民共和国实行土地的社会主义公有制，即全民所有制和劳动群众集体所有制”，“土地使用权可以依法转让”，“实行国有土地的有偿使用制度”。同时，把土地分为农用地、建设用地和未利用地，国家对土地用途进行管制，严格限制土地用途变更，特别是对农用地向建设用地的转变，必须依法进行国有土地使用申请。这种二元土地制度下对土地使用与转让制度的规定，为政府通过建设用地垄断供应获得土地出让收入提供了制度基础。1994 年分税制改革后，为弥补地方自主性税种的不足，减少改革阻力，进一步将土地出让收入划归地方政府，这使地方政府获得土地出让收入的合法性确立。为地方政府谋求财政收入拓展提供了更为可靠的来源。

土地资本化是城市化的重要依托。中国城市化过程中的土地资本化主要是通过土地“批租”制来实现的。土地批租是土地使用权有偿出让的一种形式，即土地管理部门依照法律规定和约定条件，将若干年内的土地使用权、经营权一次出让给土地的使用（经营）单位[①]。自改革开放以来，中国的土地出让制度经历了从计划到市场的艰难改革，逐步形成了以《中华人民共和国土地管理法》《中华人民共和国城市房地产管理法》为基础，包括国土资源部发布的《招标拍卖挂牌出让国有土地使用权的规定》和《协议出让国有土地使用权规定》等法律法规的国有土地有偿出让制度体系。在这一制度体系下，国有建设用地有偿出让制度得到进一步规范，同时也为地方政府提供了获取土地出让金和土地抵押贷款的有效途径，为中国的城市空间扩张和基础设施建设提供了支持。特别是在 1998 年城市房地产市场化改革之后，地方政府控制下的“土地资本化”，日益演变为地方政府的土地财政，伴随城市化的快速推进，地方政府对土地出让及其相

---

① 农业大词典编辑委员会：《农业大词典》，中国农业出版社 1998 年版。

关税费收入的依赖程度越来越高。在这一过程中，地方政府通过“低价征地—高价卖地”“土地储备、抵押融资、再征地”促进了经济增长和城市化的快速发展，这也是近年来中国能够实现经济快速增长和城市化高速发展的重要原因。

伴随中国经济的快速增长和城市化的高速发展，土地财政的规模也在快速增加。数据显示，2000 年全国土地出让金收入为 595.58 亿元，而到 2004 年这一数据就达到了 6412.18 亿元。国际金融危机后更是快速增长，2009 年、2010 年、2011 年分别高达 1.72 万亿元、2.75 万亿元、3.21 万亿元①。2013 年，在日趋严格的土地和房地产调控下，土地出让金收入不降反升，达到 4.13 万亿元②的规模，随后有所下降，然而近年又呈现出上升之势。与此同时，土地出让金收入在各级地方政府收入中所占的比重也不断上升。2003 年，土地出让金收入与地方财政决算收入之比已达 55.04%，此后多数年份土地出让收入与地方财政决算收入之比也都保持在 50% 以上的高位。2013 年全国地方一般公共预算本级收入总计 6.9 万亿元，土地出让金收入与地方财政收入之比达 59.81%③；2019 年全国地方一般公共预算本级收入 10.11

---

① 2000 年和 2004 年全国土地出让金收入数据分别来自《中国国土资源年鉴（2001）》和《中国国土资源年鉴（2005）》中的国有建设用土出让成交价款，2009 年、2010 年和 2011 年的土地出让金收入数据来自《中国国土资源年鉴（2012）》中的国有建设用土出让成交价款。

② 《2013 年土地出让金收入为财政部发布的全国土地使用权出让收入数据》，http：//gks. mof. gov. cn/zhengfuxinxi/tongjishuju/201401/t20140123_ 1038541. html。

③ 本书在进行土地出让收入与地方财政收入的比较时使用了土地出让收入与地方财政收入之比，而非许多学者所用的土地出让收入在地方财政收入中的占比等类似表述。这是由于土地出让收入虽属于地方政府收入的一部分，但其属于政府性基金预算的内容，而通常所说的地方财政收入多数学者都使用了公共财政预算中的地方财政决算收入数据，而土地出让收入并不属于其中的一部分。

万亿元，土地出让金收入 7.25 万亿元，与地方财政收入之比达 71.72%[①]。土地出让收入对地方政府收入的影响之大由此可见一斑。

近年来，土地财政不仅规模不断扩大，其对经济社会发展的影响也日趋显著。一方面，土地财政有效拓展了地方政府的收入来源，弥补了分税制改革后地方政府财权下降对地方财力的影响。大大拓宽了地方政府的政策空间，为地方政府推进基础设施建设，促进经济发展提供了有力的支撑。另一方面，土地财政的不可持续性以及对地价、房价的推升，不仅隐含着较大的财政风险，也导致经济社会结构日益扭曲，经济增长不可持续。尤其是在 2008 年国际金融危机以来，社会各界对土地财政的诟病日渐增多，土地财政问题成为历年“两会”的热门话题。

二　研究的理论和现实意义

土地财政是中国经济转轨过程中，体制改革滞后于经济社会发展的具体体现，反映了“卖地生财”的地方政府行为模式。不可否认，土地财政的产生，在发展的特定阶段具有其存在的合理性。在过去相当长的一段时期内，它甚至对推动中国经济的快速发展做出了重要贡献。不仅有效地解决了地方政府的财力不足问题，为基础设施建设提供了强力的资金支持，同时也为中国式经济分权模式下地方政府主观能动

---

① 《财政部公布的 2019 年财政收支情况》，http：//www. gov. cn/xinwen/2020 - 02/10/content_ 5476906. htm。由于营改增使地方一般公共预算本级收入大幅下降，导致土地出让金收入与地方一般公共预算本级收入的比重发生较大变化，因此近几年与营改增之前不可比。

性的发挥提供了激励。然而，随着土地财政规模的快速膨胀，与其相伴随而来的各种问题也日益凸显。一是地方政府对土地财政的过度依赖，是城市房价“屡调不下”的主要原因；二是土地财政加速了土地城市化进程，加剧了土地的粗放利用；三是土地城市化与人口城市化的严重不同步进而扭曲社会结构，影响社会稳定，近年来，与土地相关的群体事件、暴力事件频发，社会矛盾不断被激化；四是“土地财政”模式所导致的产业结构、收入结构、消费结构等的扭曲，加剧了中国转轨过程中经济发展的失衡。此外，土地财政使地方政府的投融资模式更加多元化，而相关约束和监督机制相对不足，使地方财政风险以及由土地融资活动等可能引致的金融风险大幅上升。土地财政广受诟病，对土地财政问题的讨论虽已持续多年，但至今仍未有实质性的改革对策出台，可见土地财政问题的复杂性。

由此不免让人生出一系列的问题：土地财政作为中国经济转轨过程中的一种特有现象，究竟应该怎样理性认识和看待？土地财政对中国的经济社会发展到底带来了哪些影响，其对房价上涨、地方经济发展、城市化到底起到了什么作用？土地财政是如何形成的，治理的难点在哪里？土地财政未来将如何发展，应如何应对？对这些问题进行深入研究，对于破解现阶段的土地财政难题，深化经济体制改革，明确财税体制改革方向，显然具有十分重要的现实和理论意义。

本书将在现有研究的基础上，站在体制转轨以及经济转型与发展的大背景下，深入探讨土地财政的生成机制，以及对中国经济发展的影响机理。着重对现阶段中国的城市化、土地财政与经济发展之间的相互影响与作用关系进行分析。以期为新时期全面破解土地财政困局，深化经济体制改革提供理论参考。首先，本书是对中国式转轨过程中的财政制度变迁理论研究的有益补充。由于中国尚处于转轨进程中，财政制度选择要受特殊国情的制约。单从西方经济理论出发，很难对中国的政府财政行为进行解释。从土地财政产生的根源来看，它与中国进行的分税制改革和土地出让制度改革高度相关，更进一步地说，它是一种城市偏向的增长型政府财政行为，而目前国内学术界对此鲜有讨论。因而，以此为切入点，不仅能够深入分析转轨经济体财政制度变迁的路径，也可为下一阶段政策的研究制定提供新的考量视角。其次，目前土地财政问题虽然在学术界也已受到了广泛关注，且近年来关于土地财政的研究成果层出不穷，但多数研究都仅停留在对土地财政现象的描述和土地财政产生原因的片面刻画层面，缺乏较为系统、深入的理论研究和实践探讨。本书运用“制度—行为”分析方法对土地财政的生成机制进行剖析，以转轨为背景，探究土地财政产生和发展的制度根源。最后，借助经验数据的实际指向，构建了一个对土地财政问题进行实证分析的经济学框架。此外，本书借鉴公共选择理论和博弈论的有关发展成果，对土地财政的产生、发展和治理政策选择进行分析，一定程度上丰富了政府行为理论和政府治理理论的研究。

第二节 基本概念界定

一 土地财政

“土地财政”一词虽然已经广为人知，但是其出现时间并不长，甚至“土地财政”一词尚没有在官方文件出现过。真正被学术界所广泛关注也是从2005年左右才开始的。近几年来，“土地财政”显然已成为学术研究的热点，但对“土地财政”概念的界定并没有形成一个较为权威的说法，部分学者甚至称其为“卖地财政”（周天勇，2008）、“第二财政”（朱秋霞，2007）、“第四财政”（王美涵，2005）等。从现有研究来看，对“土地财政”的界定可分为狭义和广义两方面：狭义的“土地财政”通常是指中国现阶段地方政府过度依赖土地出让金、土地相关税费及土地相关融资收入等土地相关收入的非正常现象；广义的“土地财政”是指土地相关收入在政府收入中构成重要组成部分这一财政现象。广义的“土地财政”内涵更为丰富，从广义上讲本书认为西方以财产税为基础的地方税体系，也可以被称作“土地财政”。目前，多数学者偏向于从狭义的角度对土地财政进行理解和分析，通常将土地财政看作中国的一种特有财政现象（财政模式）。在这一框架下，根据对土地财政具体包含收入项目的界定的不同，又有所不同。如刘守英和蒋省三（2006）将“土地财政”定义为，在地方政府收入中，预算内的建筑业及房地产产业税收收入和预算外的土地出让金收入等所构成的土地相关收入成为地方财政的主要组成部分的财政模式。朱秋霞（2007）认为，土地财政是地方政府通过自己的土地所有者身份来对国有土地出让所得收入和相关利益进行分配的行为。陈国富和卿志琼（2009）、程瑶（2009）、韩本毅（2010）也作了类似的定义，认为土地财政是政府利用其所拥有的土地所有权和管理权，围绕土地所进行的财政收支活动与利益分配关系，在中国则主要指地方政府通过土地出让来获得土地出让金及相关收入，并以此作为其财政收入主要来源的经济关系，收入形式包括土地税收、使用权出让、融资担保等。

本书认为，土地财政是指土地出让及其相关收入在政府收入中占比较高的一种财政现象。在中国，土地财政出现于20世纪90年代末期至今，1994年分税制改革后的中央与地方财权与事权不匹配、1998年之后逐渐推行的住房市场化改革、2000年前后开始实行的土地出让“招拍挂”制度以及特有的土地二元制是土地财政产生并快速发展的重要制度土壤。1994年中国分税制改革以后，地方政府为缓解财政压力、实现财政扩张，利用现行的土地产权与管理制度，以自有可支配收入、资源控制及政治收益的最大化为目标，以城市用地规模扩张为核心，通过土地收购和出让之间巨大的价格“剪刀差”，获取由地方政府自主支配的土地资产收益及其延伸收益，它主要被地方政府用于基础设施建设和生产性投资活动，由此形成地方政府一套相对独立的财政收支活动与利益分配体系。

从收入具体内容来看，土地财政收入包括通过土地使用权出让获得的土地出让金，土地开发及持有过程中的城镇土地使用税、房产税、契税、耕地占用税、土地增值税等税收收入，以及以土地为基础的融资收入等。虽然土地财政包含的内容较多，但主要还是以土地出让金收入为主，此外，由于与土地开发相关的税收和融资数据难以获取，因此实证分析部分主要仍基于狭义的“土地财政”进行分析。

二 城市偏向

自改革开放以来，中国围绕“经济建设”这个中心选择了一条非均衡发展道路，其中基于城乡二元体制的城市偏向战略是其中的重要内容之一。城市偏向是新中国成立以来中国政府的主导性政策选择，这一战略贯穿了中国经济转轨的整个过程，对中国的经济社会发展产生了重大而持久的影响。

所谓城市偏向，是指在经济社会发展过程中政府采取有利于城市地区和居民而对农村地区和居民不利的偏袒城市发展的政策（Lipton，1977）。城市偏向政策主要可分为以下三类（贝克尔等，2003）：一是实行具有扭曲效应的宏观经济政策，通过对经济信号的扭曲，压低农业附加值，提高非农产业附加值，以此来推动非农产业的发展；二是进行有偏向的基础设施投资，政府投资主要致力于城市地区的基础设施建设与改善，而忽视或较少考虑农村地区，即便农村地区可能具有更高的社会回报；三是在公共服务和支出方面，对城市地区的就业、医疗、社保、住房等方面提供显著优于农村地区的保障，即便城市居民或部门的边际效用处于低效率水平①。从城市偏向政策的属性上，可以进一步划分为价格与非价格两大类（Lipton，1993）。价格类偏向政策是指在这一政策体系下存在对农村农业的歧视和对城市及工业的补贴，它既包括产品价格的城乡非对等保护，也包括对农村土地、劳动力等要素价格的歧视性待遇，如改革初期中国所实行的“价格剪刀差”、集体所有制与国有制下非农用地的价格差异、对农村居民与城市居民的非平等工资待遇等；非价格类偏向政策内容更为广泛，包括投资政策、税收政策、金融政策等以及医疗、教育、住房等方面的公共支出等②。

对于城市偏向问题，国内学者研究起步较晚，但是近年来的研究成果也较为丰硕，如蔡昉、杨涛（2000），蔡昉（2003），成德宁（2005），程开明、李金昌（2007），程开明（2008），曾国安、胡晶（2009），雷根强、蔡翔（2012），武小龙、刘祖云（2013），汪世绮、徐扬（2013），王颂吉、白永秀（2013）等学者都就城市偏向问题进行了较为深入的研究。总体来看，现有研究主要是以分析城市偏向对城乡差距的影响为主，也有对城市偏向的财政制度对城乡差距影响的分析，但总体上这些研究不够系统，还有较多的方面值得进一步探讨。

西方学者对城市偏向这一问题较为系统的提出，可以从美国经济学家利普顿（Michel Lipton，1968）的著作《为什么穷人总是穷？——关于发展中的城市偏向问题研究》说

① 雷根强、蔡翔：《初次分配扭曲、财政支出城市偏向与城乡收入差距——来自中国省级面板数据的经验证据》，《数量经济技术经济研究》2012 年第 3 期。

② 成德宁：《各种发展思路视角下的城市化》，《国外社会科学》2004 年第 6 期。

起。利普顿在其著作中指出，许多发展中国家为加快其工业化进程或者受到城市各阶层较大的压力，其所制定的投资、税收、价格及其他政策常常显著地偏向城市。在经济发展初期，城市偏向政策有助于生产要素和资本的积累，在一定程度上推进了发展中国家工业化的快速实现。但在经济社会发展过程中，城市偏向政策在加速城市发展的同时，使农村被忽视，农村居民的利益往往受到损害。利普顿同时认为，发展中国家工业化、城市化进程中城市偏向的经济发展政策的长期实施，会扭曲资源配置，使经济、社会发展走向失衡，拉大城乡差距，激化城乡矛盾。

从中国改革开放以来的经济社会发展来看，政府无论在体制改革还是经济发展中都扮演着主导性的角色。在政府主导下，中国长期以来的经济发展战略都具有非均衡的特征，这种非均衡既包括地区之间也包括城乡之间的非均衡发展，城市偏向特征明显。除此之外，渐进性改革过程中，制度的不完善，使这种城市偏向进一步的强化。以地方政府行为为例，在以经济增长为核心的战略导向下，中央政府一直都将经济增长率作为地方政府绩效考核的主要指标，因此地方政府往往将发展地区经济作为其工作的首要目标，无疑城镇优先发展的策略是其推进经济增长的最佳选择，因此，地方政府的各项政策也必然带有显著的城市偏向。多年来，地方政府在财政分配、投资取向、土地利用等经济政策的选择上，也确实多有向城市倾斜。近年来，虽然为了缩小城乡差距，遏制这种失衡的不断扩大，提出“城市带动农村、工业反哺农业”，并出台了一系列有助于农村地区发展的政策措施，但由于远未触及制度改革的核心，总体上看，城市偏向的发展政策并没有实现反转。本书通过对土地财政的分析认为，土地财政是城市偏向导向下，制度改革滞后于经济社会发展的产物，加剧了现阶段中国经济社会发展的失衡。

第三节 研究思路、内容和方法

一 研究思路

虽然中国各地区在经济结构、要素禀赋、发展程度、制度建设等方面具有较大差异，但在“以地生财”的土地财政行为上却表现出了惊人的一致。基于此，本书试图将财政分权（分税制）、土地制度、政府行为集合到一起，从中国的转轨过程和政府行为的视角来对土地财政进行研究。本书系统地分析了土地财政产生的外部条件、生成机理以及所带来的经济影响，并提出了进一步深化改革的政策安排。

在中国式分权体制下，中央与地方之间关系的调整一直都是中国经济体制改革的重要构成内容。自改革开放以来，为极大调动地方政府的积极性，中央对地方的经济分权力度不断加强，地方从中央的经济分权中得到了越来越多的权益。地方政府逐步成为辖区经济的控制者和索取者，在追求预算体制内财力最大化的同时，也在极力扩张其获得“体制外资源”的能力。为了实现自身整体权益的最大化，地方政府行为开始异化。具有明显城市偏向的工业化和城市化战略选择也是地方政府为实现自身权益最大化的重要路径。

工业化和城市化的开展在促进地方经济增长，实现地方发展政绩目标的同时，也为土地财政的出现创造了条件。以土地为主要政策工具的工业化和城市化，使经济发展对土地的需求快速增加，土地的资本价值日益凸显，土地财政的产生似乎也成为一种必然的选择。而现行的土地二元制度，为土地财政的兴起打开了方便之门。土地公有制所存在的主体虚置等制度性缺陷，使地方政府获取了事实上的土地剩余索取权与剩余控制权。为了追求自身权益的最大化，地方政府大规模地将农村集体土地转化为国有建设用地，通过巨大的“剪刀差”，形成了土地财政产生的物质基础。随着住房市场化革和土地出让“招拍挂”方式的确立，通过农地征用获得高额土地出让收入逐步成为地方政府的普遍选择，土地财政也成为名副其实的“第二财政”。

本书研究的目的就是要从体制转轨和政府行为的视角，对土地财政的生成机制及其对经济发展的影响进行客观、深入的研究。围绕这一线索，本书主要分为六章展开论述。

第一章为导论。主要对本书研究的背景和意义进行了阐述，对土地财政研究的最新研究成果和进展进行了回顾。

第二章在已有研究的基础上，进一步探索了现阶段土地财政形成的原理和机制，重点关注在中国式转轨背景和经济发展阶段下，从工业化主导向城市化主导的结构转变中，政府行为是如何转变的。

第三章对土地财政的经济增长效应进行实证分析，重点分析土地财政影响经济增长的路径与数量关系。

第四章主要分析了土地财政与中国现阶段经济结构失衡的关系，重点分析了土地财政与城乡差距扩大、产业结构不合理、投资比重过高等的关系。

第五章是土地财政的潜在风险分析，分别对土地财政可能引致的财政风险、金融风险和社会风险进行梳理和论述。

第六章是转型对策，在总结前文研究的基础上，提出了破解中国土地财政难题的政策建议。

二　研究方法

本书以土地财政为研究对象，以土地产权、财政分权、政府治理结构等方面的既有理论为分析基础，从多个角度对土地财政现象进行分析，特别是进行了以实证研究为中心的分析，力求让数据分析的结果来“说话”，以客观、全面的视角来解剖土地财政这种特有的经济社会现象。

研究过程中，本书采取了定量分析和定性分析相结合，具体问题和理论基础相结合的原则，从财政学、金融学、政治学的角度分析土地财政的生成机理及影响机制，研究充分运用了公共选择理论、委托—代理理论、制度变迁理论等较成熟的西方经典理论。研究过程中大量采用了计量经济学与数理经济学的研究方法来研究所关注的实证问题，其中主要包括：世代交叠模型；面板 VAR 模型；面板固定效应模型等。重点采用以下方法：

1. 世代交叠模型

在第二章对土地财政生成机制的研究中，本书运用世代交叠模型分析了中央政府和地方政府在土地资源开发过程中的行为路径。

2. 面板 VAR 模型

书中第三章，在对土地财政与经济增长的相关性进行分析时，基于1995—2010年中国30个省（市、区）的面板数据，采用面板VAR模型进行了研究。并通过脉冲响应分析和方差分解，对各变量间的长短期影响及影响的程度进行了分析。

3. 静态面板模型

在第四章对土地财政的结构性影响进行研究时，本书选取1998—2010年中国31个省（市、区）年度数据运用静态面板模型对土地财政对城乡居民消费的影响进行了分析。

三 创新与不足

本书在研究土地财政与经济增长两者关系的基础上，基于理论与实证分析，探讨使其建立联系的深层原因，在方法选用上较为客观。本书研究的另一个重要特色是，从政府行为、公共投资、结构转变、风险分析等多个角度展开分析，虽然旨在分析土地财政与经济增长之间的关系问题，却并不单局限于问题本身，而是从整个中国经济转轨进程出发，将该问题置于转轨时期经济增长与结构调整的框架内，拓宽了以往经济增长理论与财政理论研究的范畴。具体地说，创新之处在于：

（1）提出转轨时期中国土地财政问题的多重属性，将政府财政行为对经济增长的特殊作用进行实证分析。在总结西方经济增长理论的基础上，将中国经济转轨过程的特殊性进行提炼，总结并发展出中国政府行为的作用与传导机制，尤其在促进经济增长方面。

（2）以往国内对于土地财政的研究大多是评述性的，或仅从单一视角，如地价变动、土地城市化速度、土地财政规模等对土地财政产生的影响进行分析，本书首次对土地财政的生成机理及作用路径进行了较为系统的定量分析，并以此为依据刻画城市化、财政制度变迁与经济增长三者的多维关系转变，提升实证分析的科学性。

受时间、数据可得性及能力的限制，本书所涉及土地财政风险分析，分别从其财政风险、金融风险与社会风险三个方面进行了研究，但大多限于规范性分析，其实这方面研究空间很大，有待进一步研究。另外，本书在对土地财政与经济结构转变的研究中，没有构造出统领其后各章的特色理论模型，使后续研究理论显得零散，使有关土地财政多种经济效应研究的整体性与系统性的深度显得不够。

第二章

城市偏向的增长型政府财政行为：土地财政的生成机制

城市化、分税制改革、地方政府晋升机制、土地的二元所有制与“招拍挂”出让以及住房市场化改革等，这些因素共同促成了中国土地财政现象的出现。而这些促成土地财政出现的要素本身无不体现着中国式转轨与发展过程中的阶段性特征。对这些因素及其相互影响路径进行梳理是对土地财政进行研究的基础。

第一节　城市偏向、土地财政与城市扩张

一　城市化为土地财政的出现创造了客观条件

城市化标志着人类摆脱农业社会走向工业化，并促使产业结构发生根本性变革。自20世纪90年代中后期以来，伴随着外向型工业化的快速发展，中国的城市化也开始了加速历程。城市化率从1995年的29.04%提高到2019年的

60.6%，平均每年以1.3%的增速稳步推进，截至2019年年末城镇人口已近8.5亿。截至2018年年末，全国共有设市城市668个，建制镇数量增加至21297个。根据诺瑟姆（1975）对城市化过程的划分，城市化水平小于30%为起步阶段，30%—70%为加速阶段，大于70%为后期成熟阶段。据此中国仍处于城市化加速发展阶段，中国经济增长与宏观稳定课题组（2009）的研究也认为中国城市化增长速度远快于世界平均水平，正处于加速阶段，各类要素从乡村向城市加速聚集。城市化是多种社会经济因素综合作用的结果，而作为城市载体的土地是其中一个重要因素。

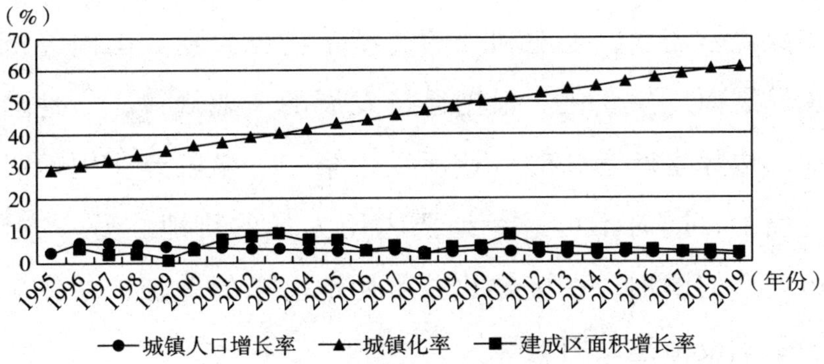

图2-1　城市化率、城镇人口增长率与建成区面积增长率变化

城市化主要有外延式扩张和内涵式扩张两种发展途径。其中，内涵式扩张注重从质上来衡量城市化水平，即注重城市产业聚集和规模的扩大、第三产业在三大产业中所占比例的增加、城市土地是否集约利用等方面；外延式扩张则更注重量上的增加，包括城镇数量、人口规模和城市面积的扩大。从世界经济发展的趋势来看，在工业化、城市化的起步阶段，采用的都是外延式扩张，当然这是必要和必然的，原因是发展经济以及提高工业化、城市化水平都需要占用一定的空间来容纳人员、机器、厂房等基本生产资料，而这又必然要占用原有城市周边的大量耕地，以达到扩大城市规模或者建造新的城市的目的。然而，在工业化、城市化的成熟阶段，则更多地采用内涵式扩张，也才开始注重城市本身土地的整理、规划、利用情况。在过去数十年里，中国的大多数城市的发展方式具有明显的外延式扩张特点。相对人口城市化，土地城市化经历了更快的增长，土地城市化显著快于人口城市化，城市化的过程不可避免地要求占用大量土地，甚至在很多情况下占用的是优质耕地。一方面，经济发展对土地形成大量需求，土地利用的类型结构也会随着国民经济的快速发展而发生变化。根据经济发展的一般规律，土地会自发地向边际生产率高的行业流动，第二、第三产业用地必然快速增加，同时不可避免地要占用大量的耕地。另一方面，城市人口的增加会直接导致城市用地需求的增加，如住房用地、基础设施建设用地等。

城市化过程中，城市的空间扩张，对土地需求的快速增加，为地方政府通过对土地的垄断供应获取土地出让金收入提供了条件。在很长的一段时间内，土地财政为地方政府提高财政收入，促进地方经济发展提供了强有力的支持。

二　土地财政对城市化的促进

土地资本化带来的土地财政收入可以看作城市经济起飞的启动资金，使很多城市完成了资本原始积累。刘易斯、罗斯托等发展经济学家认为资本是增长的主要约束条件，资本积累不足是制约发展中国家发展的重要因素。经济体要想由低水平向高水平跃进，必须有外界的“大推进”，以跨越一些经济发展的障碍。土地财政正是解决了经济发展中的原始资本积累问题，对地方经济发展起到了推动作用。

首先，地方政府以土地为媒介和政府信用为基础，低价出让工业土地，提供各种税收优惠政策和相关配套基础实施，吸引了大批制造业投资者的进入，带动制造业和服务业的发展，产生了经济集聚效应，为城市发展提供了产业基础。

其次，土地财政为地方政府的城市基础设施提供了资金来源。基础设施包括交通、通信和各项公共事业，是经济发展的基础，具有一次性固定投入的特征。只有当基础设施投资额达到一定规模时，私人部门的经济效率才能显著增加。但是市场经济发展对社会基础设施的要求具有很大的外部性，不可能由私人部门投资完成，只有政府出面来实现。而土地财政正好解决了地方政府在城市基础建设中的资金问题。

最后，土地财政加速了城市土地的资本化，解决了城市发展中的流动性问题。地方政府以土地储备中心、政府性融资平台的土地资源做抵押，以政府信用为担保，向银行获得大量抵押贷款，把土地潜在的增值转变成货币资本，在一定程度上对工业化和城市化的快速发展做出了贡献。

三　土地财政对城市化的制约

土地财政是在现有的土地制度框架下产生的政府主导型

的土地资本化，是地方政府利用行政权力和制度壁垒等非市场手段对土地资源市场配置的干预，其最大化财政收入目标，会扭曲土地价格。由图2－2可见，2013年我国国有土地供应出让达到一个高峰，之后虽有所下降，但近两年土地出让又出现增加的势头，地方政府对土地财政仍然存在较强的依赖。土地财政的膨胀，一方面会扩大城乡收入差距；另一方面会带动土地价格的上升，提高城市化成本，制约城市发展。

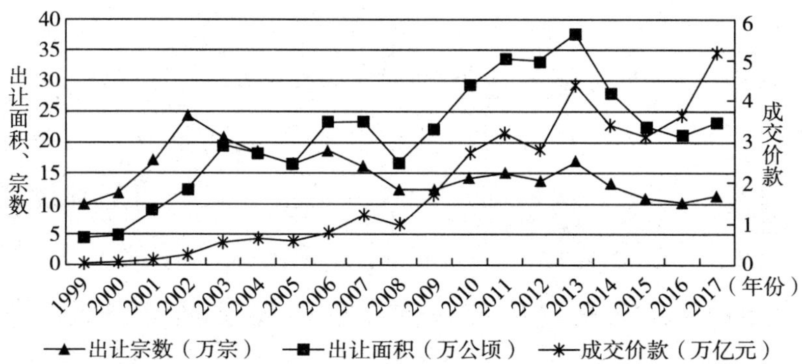

图2－2　国有土地供应出让情况

资料来源：历年《中国国土资源统计年鉴》。

首先，土地财政侵害了农民权益，拉大城乡收入差距。无论是与农民从土地本身可能获得的收入相比，还是将农民获得的征地补偿与其他利益主体相比，给予农民的征地补偿都过低了，既侵害了农民权益，又为地方政府进一步加速土地开发创造了激励，造成土地的无序开发。因为实际征地价格远远低于潜在的市场均衡价格，政府对土地产生过度需求，具有不断扩大征地规模的倾向，使之超过社会最优征地规模，土地资源浪费严重。即使近年来中国实施了最为严厉的土地控制政策，违规用地行为依然频频发生。中国农民为城市经济的发展做出了巨大的贡献，但却由于城乡分割的土地制度、户籍制度和福利制度等不能同等享受城市化的成果。而对农民土地权益的侵害，使城乡差距拉大，阻碍了农村农村人口向城市流动。

其次，工业用地出让的不规范，造成城市用地结构的不合理和土地资源的浪费。为吸引投资，地方政府往往在对低成本征用的农业用地进行配套基础设施开发之后，将其以较低的价格甚至是“零地价”协议出让给制造业投资者。在工业用地的出让中，地方政府往往无利可言甚至是亏损的。这种工业用地的过度供给会导致城市用地结构严重不合理。中国很多城市的制造业用地占城市建设用地的比例将近一半，而国际平均比例不到10%。工业用地比例过高挤占了住宅用地和商业用地的空间，而且高污染、高能耗的制造业破坏了城市的生态环境，严重影响市民的生活质量。廉价的工业用地造成工业开发区和为之配套的基础设施用地非常浪费，城市土地利用效率低下。土地是一种稀缺的不可再生的资源，在中国人地矛盾更是突出，还要严守18亿亩的耕地红线，这种土地出让和开发模式极为不可取。

最后，与低价协议出让工业用地不同，地方政府往往以“招拍挂”的形式高价出售商住用地。地方政府手中的土地一部分要用作公益事业，无利可图；一部分作为工业用地低价出让，利润微薄；剩下的商住用地自然要尽可能地高价出让，一方面可以赚取高额的土地出让金，另一方面可以获得商业尤其是建筑业和房地产业后续发展所缴纳的营业税（营改增之后该项转为增值税），因此出让商住用地既有利于培育预算内税基，又可以拓展预算外收入。以北京市为例，2020 年住宅用途土地平均出让价格为 3.739 万元/平方米，商服用途为 2.537 万元/平方米，综合用途为 7.182 万元/平方米，工业用途为 0.306 万元/平方米[①]，不同用途土地出让价格相差悬殊。高地价带来的高房价使整个经济运营成本和城市生活成本上升，降低经济发展效益，阻碍劳动力向城市转移。

中国城市化之所以快速发展，主要得益于政府的强大主导作用，但是，这种政府主导模式的弊端也逐渐凸显出来：一方面，城市化的强大集聚作用并没有把人口“牢牢吸附”，城市中仍有大量处于“半城市化”状态的人口。目前，中国现有城市化率的统计口径中，包括在城市中生活 6 个月以上却未享受到与城市居民等同的公共福利待遇的农民工，也包括在镇区生活但依然在务农的农业户籍人口。根据国家统计局发布的《2019 年农民工监测调查报告》数据显示，2019 年全国农民工总量已达 2.9 亿人，这些没有真正转化为“市民”的人口，在城市人口中所占的比重已经很大。另一方面，土地财政推动下的城市化过程，过于追求城市面积的扩大。从 1995 年到 2019 年，中国城市建成区面积从 1.9 万平方千米扩大到 6 万平方千米，增加了 2.16 倍，而城镇人口数仅增加了 1.41 倍而已。土地城镇化速度明显快于人口城镇化

---

① 数据来源与说明：中国地价信息动态发布平台（http：//www.landvalue.com.cn/）。由于监测技术、方法及监测范围的调整升级，监测指标中，部分城市、区域的地价水平值在时序上仅具阶段可比性。

速度，表现出了显著的对物质形态城镇化过于关注而忽视了软环境建设，彰显了地方政府在推进城市化过程中一定程度上的行为异化。

第二节　地方政府土地利用行为演进过程及行为选择

国内外学术界已经普遍认同地方政府在中国经济发展中起到了重要作用，对于地方政府在中国市场化过程中的行为研究也逐渐增多。地方政府对经济推动的积极作用主要可以归因于以下几个方面：首先，政府在现代化尤其是后发展国家的现代化进程中，扮演着非常重要的角色。从制度经济学的视角来看，国家（政府）在构建市场经济的制度方面起着重要作用。在现实中，大量研究也表明，国家能够通过引导投资、建立信用体系、传播信息、投资人力资源、拉动消费以及提供必要的公共物品来促进经济和社会的发展。东亚部分国家和地区（如韩国、中国台湾、新加坡等）在1960—1980年的经济腾飞经验实践，更让许多人坚信国家干预对落后国家的发展会起到至关重要和不可替代的作用。其次，地方政府相较中央政府更贴近基层，它在资源配置上具有信息优势。事实上，大家普遍认为，财政分权是中国经济增长的一个重要因素。最后，地方政府的发展取向为“增量改革”创造了巨大空间。地方政府为获得经济发展收益和租金会推动制度变迁，这种“中间扩散型”的制度变迁能够克服社会利益集团势单力薄的不足，同时分散权力中心进行制度变迁的风险，是中国经济转型的一条现实路径。中央政府的激励被认为是地方政府发展经济的主要动力。自改革开放以来，中央政府对地方官员考核和提拔的最主要的标准就是政绩，由此导致的地方之间的“自上而下的标尺竞争”，从而产生促进经济发展的强大推动力。中国式转轨的最大特点是选择了渐进式改革的方式，而且这种改革是由中央政府所主导的，地方政府在政绩激励与制度约束下进行有限的行为选择。一方面这种改革模式下的地方政府行为必然会出现异化；另一方面渐进式改革下的制度不健全，使地方政府会不断寻求自身权益和权力空间的最大化。而在现行土地制度下城市偏向性的政策选择即是地方政府这一行为逻辑的体现。

一　土地市场化改革和土地有偿使用制度

（一）土地所有权制度及其缺陷

现代化过程必然是城市化过程，土地问题是现代化过程中的核心问题，而土地问题的核心是土地所有权。中国的土地所有权制度具有中国特色，由于历史原因，形成了城乡二元制结构，即城市土地国家所有和农村土地集体所有。

农村土地集体所有是指该土地归一组人共同所有，这一组人的成员可以是两个以上的自然人，也可以是法人，每位成员按照一定的分配形式享受其中的一份，也可以按照大家共同遵守的集体制度对他所有的一份进行处置。1984 年，农村进行改革，土地的直接使用权由公社转给个体农户。虽然法律上规定农村土地归集体所有，但是实际上这个“集体”只是代表国家对农村土地进行管理的基层组织，而没有土地的所有权。首先，按照《中华人民共和国民法典》对“所有权”的界定，所有权是指所有人依法对自己的财产享有占有、使用、收益和处分的权利。在物权中，所有权是最重要也最完全的权利，具有绝对性、排他性和永续性三个特征。农村集体组织没有规定家庭联产承包责任制中承包期限的权利，是由国务院或者中央农村政策办公室规定的，而这正体现的是国家土地所有者的身份。其次，所有权中最重要的处置权，即财产所有者拥有按照自己意愿处置其所有的财产的权力，但是在原《中华人民共和国土地管理法》（以下简称《土地管理法》）中明确规定，村集体所有的土地是不能直接卖给土地开发商或者其他单位的，而应该先由国家征用，然后再通过“招拍挂”的方式卖给土地开发商或者其他单位。也就是说在处置土地的问题上，村集体是不能够直接与市场发生经济交易的，而这种做法就从理论上直接否定了基层组织作为集体所有权者的地位。新修订的《土地管理法》虽然对部分集体经营性建设用地，允许土地所有权人通过出让、出租等方式交由单位或者个人使用，改变了原来必须征为国有用地之后才能进入市场的问题，但也提出了较多限制，对农村土地流转的促进作用有限。中国现行的农村土地所有权制度仍然是制约“三农”发展的主要制度障碍。农村土地制度制约了农村财政体制和金融体制规范化的建设，同时也为土地财政的产生和发展提供了必要的条件。

按照《土地管理法》的规定，城市市区的土地属于国家所有，即全中国人民共同所有。国家拥有的土地所有权由国务院代表国家行使，各城市的国有土地管理局对土地使用权的划拨和批租是国家土地所有权的具体实现途径。但是在实践中，这种国家授权管理的方式，导致了国家土地所有权异化为城市地方的土地所有制。究其原因，在于城市建设对土地价值的增值作用，因为对于城市建设的规划和投资只能是由各城市政府来自主决定，而不可能由中央政府来决定。在这种情况下，各城市政府具有财政自主权，因此，由土地投入带来的新增财政收入则必然属于城市本身，这也符合财政等价的原则，即本城市财政投入来源于本市居民的劳动产出，由此产生的收益应该由本城市所享有。因此，现行的中国城市土地所有权，其本质特征是地方所有，城市地方政府是城市土地的所有者，且是唯一所有者。而正是由于这种唯一，决定了中国城市土地所有权的基本特征——城市地方政府垄断的所有权。

在城市地方政府垄断的土地所有制下，私人是不可能取得土地所有权的，而农村集体土地也是通过土地征用完成了城市土地国有垄断的转换。所以，在现行的土地制度下，经营性用地如果退出政府征用范围，则必然是由城市政府先征后卖。在征地过程中，城市政府扮演着一个具有垄断地位的中介的角色，它打破市场经济中的买卖双方自愿协商定价，自愿成交的市场规则。一方面，地方政府凭借其土地管理权，实际上的土地所有权以及行政力量，压低征用价格；另一方面，土地行政管理部门采用“招拍挂”的出让方式，同时伴以“饥渴性”供给方式把征收的土地高价卖给开发商。

该种城市土地制度的存在为产生土地财政创造了条件。首先，城市政府对土地资源的垄断控制力，为产生土地财政提供了基础条件。在中国城市垄断土地所有权的情况下，无论公益事业用地还是商业用地，都必须由城市政府向农民征用，而这种征用是没有市场约束力的，纯粹是一种强行征用。而因此产生的征地成本（如征地费用和失地农民日后的生计问题），如果无法妥善解决，就会使成本外部化。众所周知，垄断必然导致效率低下和价格扭曲，在土地供应方面，由于城市政府的土地垄断地位和在城市规划领域的垄断地位，它可以影响房地产的区位价格，来获取独占收益。其次，城市政府对土地的垄断力，对土地财政支出方向有重要影响，也因此造成了地方财政收入的巨大流失。城市政府作为“唯一”的城市土地的所有者，在城市规划上具有明显的便利性，然而，也正是这种便利性使城市土地资源造成了大量浪费。一般来说，在中国行政体制的调任制度和官员政绩考核标准的影响下，在城市的建设中，不可避免地都会有城市长官个人偏好的痕迹，而这会导致城市规划由于缺乏长期市政规划，而把大量的资源用于建设政绩工程（如城市基础设施领域），而忽视对民生领域的投入。在基础设施不断完善以后，地价必然要上升，土地出让金和房价必然也随之要上升，而土地财政收入便会在这种螺旋式循环中也随之上升。城市土地归国家所有，这种所谓的国家所有制已经异化为了城市的垄断所有制。土地所有权被城市政府垄断着，在土地领域，城市政府并没有其他竞争者以及制衡力量，因此，就会产生大规模的“寻租”现象，进而产生腐败，使本该流入地方财政的收入大量流失。

（二）土地补偿制度及其缺陷

对土地补偿制度的相关规定主要体现在《土地管理法》（1998 年）中。原《土地管理法》第二条明确规定，国家为了公共利益的需要，可依法对土地实行征用。这时在土地无偿使用的情况下，征用土地时对农民的补偿只需要支付青苗费以及地上附属物补偿费，并不涉及土地本身的价格，因此，理论上说，用地单位并不对土地所有权和土地使用权进行补偿，所以征地费用比较低。而失地农民则由政府或用地单位为其安排就业。2004 年，国家对《土地管理法》第二条进一步进行了修订。国家可以为了“公共利益”的需要，依法对土地实行征收或者征用，并给予一定的补偿，而这些补偿是在原有的青苗费和地上附属物补偿费的基础上，增加了土地补偿费和安置补助费，这就体现出了对土地所有权的“付费补偿”。然而在计算土地补偿费时，计算基数是按照原有土地产出价值来计算的，即被征用耕地前三年的平均产值的 6—10 倍；安置补助费是按耕地前三年平均年产值的 4—6 倍，且最高不得超过被征收前三年平均产值的 15 倍，以此来保证被征地者能够保持原有生活水平不变。

资产定价理论是以土地要素的产出为土地要素本身定价的来源理论，它阐述的是要素的产出与要素本身之间存在市场关联性，在产品和要素市场化水平较高的情况下，可以用要素产出的市场价值来衡量其要素本身的价值。中国的土地产品市场化的进程发展程度与土地要素市场化的进程发展程度不同，因此，在对土地要素产出定价时，还需要考虑因为土地承包期限届满而带来的土地要素轮换的影响。由此，可以得出结论，中国土地要素的产出与其要素本身之间的市场关联性并不强，那么此种定价方式相应地也就缺乏一定的说服力。

对于安置补助费的规定，为了保证被征地者原有生活水平不变，被征地者的生活水平实际上是被降低了。法律上，对物权和债权的补偿是不相同的。债权被侵犯，是使债权人状况恢复到侵害前的水平，以补偿债权人的实际损失为限；而物权被侵犯，补偿则是要超过损失数额的。农村土地归集体所有，农民作为集体中的一分子，理应是拥有土地的所有权的，因此，在对其补偿时，不应该按照债权损失进行补偿，而应该按照物权损失进行补偿。

除此之外，按照规定，土地补偿费既可以发给集体，也可以发给个人。实际上，这一条款为村干部克扣本应该发给农民的土地补偿费提供了便利和可能。在实际操作中，城市政府征用土地从来不与村民直接进行谈判，而是先通过市（县）级政府官员，然后通过村集体组织。这样谈判的后果就造成了市、县、乡参与了土地收入的第一次分配，村集体参与了第二次分配，最后才分配到农民手中。据早期的相关调查显示，在大量的土地交易中，土地补偿款只有5%—10%能到农民手中的，村集体留下20%—30%，其他的上交乡及乡以上政府。由于土地补偿制度上存在缺陷，使土地实际征用成本大大降低，而这样就极大地刺激了地方政府征地的欲望。

2019 年新修订的《中华人民共和国土地管理法》进一步对征地程序进行了规范。要求地方政府在征地之前要进行土地现状调查、信息公示、听取被征地关系人意见等，强化了对土地所有权人、使用权人利益的保护。在征地补偿方面，改变了原来按产值计算补偿标准的方法，实行考虑更为全面的区片综合地价，同时对其他财产权益及损失的补偿也进行了规定。新《土地管理法》对被征地农民利益的重视程度大幅提高，然而在地方政府对土地财政高度依赖问题没有得到有效解决的情况下，如何协调各方利益，降低社会稳定风险，仍面临较大挑战。

二　地方政府土地利用行为的激励约束机制

在现行制度下，土地出让收入一直是以费用的方式收取，并且大体上是作为地方的收入。1987 年，土地出让收入归属地方政府，作为地方税的一个辅助，在支出上主要用于地方城镇建设和维护。1988 年 11 月政策规定以土地使用税作为土地出让收入的管理形式，中央和地方按比例分成。此后至 1994 年税制改革前，土地出让收入分配的格局大体如此，中央与地方两级政府的分成比例或有变动，但是中央政府始终参与其中，这种格局形成的博弈结果是，地方政府对经营土地的积极性不高。1994 年实行分税制后，由于属于地方自主性税种较少，为了减少改革的阻力，新税制决定将土地出让收入作为地方财政的固定收入全部划归地方所有。这极大地刺激了地方政府征收的积极性，土地出让收入逐渐成为地方政府重要的收入来源。

数据显示，自实行土地有偿出让制度之后，地方政府土地出让金收入迅速增长，在财政收入中所占比重不断提升，同时也引起了一系列的问题。鉴于此，国家不断加大了对土地的调控力度。2006 年《国务院办公厅关于规范国有土地使用权出让收支管理的通知》规定，将政府以出让等方式配置国有土地使用权取得的全部土地价款，都作为国有土地使用权出让收入纳入预算管理。2007 年 1 月 1 日，将土地出让金收支纳入地方预算，建立出让金收支专户，实行“收支两条线”管理。2007 年 11 月 1 日起，《招标拍卖挂牌出让国有建设用地使用权规定》开始执行，将商业、旅游、娱乐和商品住宅等各类经营性用地一律以“招拍挂”的竞价方式出让。2008 年 1 月 3 日，《国务院关于促进节约集约用地的通知》，又提出了所谓的“国六条”，即要求加强监管，节约用地，稳步推进农村集体建设用地节约集约利用，充分发挥市场配置土地资源基础性作用，健全节约集约用地长效机制。2009 年 9 月 26 日，国务院发布了一则《关于集约用地的通知》，针对开发商首次明确规定了相对严格的“闲置”费用标准，并指出将会很快对“闲置”土地征收增值地价。对于土地闲置满两年的，将依法无偿收回或者重新安排使用；对于土地闲置满一年不满两年的，开发商需按出让或划拨土地价款的 20% 交纳土地闲置费；另外，国土资源部将对闲置土地征收增值地价。2010 年 3 月 10 日，国土资源部发布的“国 19 条”，即《国土资源部关于加强房地产用地供应和监管有关问题的通知》，其目的是整治“囤地”“炒地”行为。这一系列政策的出台，一方面体现了国家整治土地市场，调控宏观经济，规范地方财政收入的决心；另一方面使地方政府土地利用行为的监督机制不断完善。如图 2－3 所示，2007 年以来我国土地违法案件查处件数、涉及土地面积、涉及耕地面积均有了大幅下降。

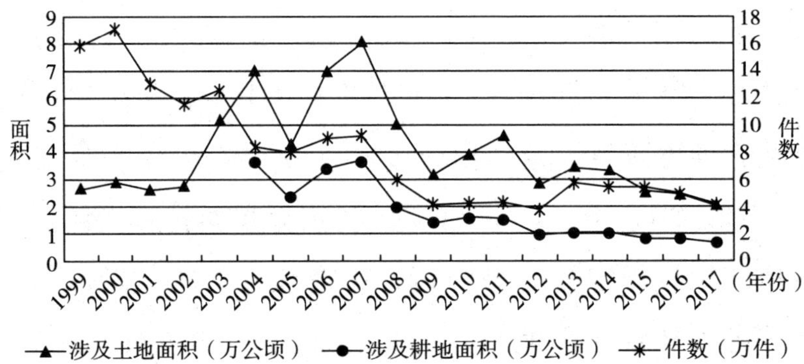

图 2－3　土地违法案件查处情况

三　地方政府土地利用行为激励的利益基础

按照政治学理论，从组织构架上分析，政府就是一个官僚制组织，政府的组成人员是那些关心自己政治前途和自身利益的政府官员。在政府组织中官员以“非人格化”的状态出现，他们关注的是其在政治生涯中能否进一步晋升。从组织结构层面来看，政府部门目标与官员个人的目标是不一致的。地方政府对土地财政的青睐，并不仅仅完全是因为财税激励，还包括与地方经济发展息息相关的地方政府官员的政治晋升博弈。从激励结构来看，地方政府官员具有双重特点：一方面，他们像其他经济主体一样关注经济利益，是“经济参与人”。自 20 世纪 80 年代以来，行政性分权和财政包干加大了地方政府追求土地财政的经济动机，地方政府对土地资产的经营为其提供了大量的财政资金；另一方面，相比较地方经济发展而言，他们更是“政治参与人”，他们更加关心的是个人的政治收益和政治晋升，或者说，他们更关心的是其在任期内的短期政绩，因为这是影响他们政治前途最重要的因素。实际上，地方政府官员在经济上为财税和经济发展速度而竞争，就是为其在官场上的晋升而竞争。当政府绩效体系不够健全，官员考核约束制度及晋升机制不完善，缺乏有效的责任机制进行权责利的整合时，存在于行政管理体制中的激励机制就最终成为地方政府追逐土地财政的内在动因。

现行的地方政府官员的政绩考核机制并不能很好地促进社会福利最大化，一个好的官员政绩考核机制，不仅应能促使地方政府的财政收入与其支出相匹配，而且还应该能使地方政府和官员的自主行为与社会公共利益相一致，也就是说，需要设计出一套合理的机制来对地方政府和官员进行恰当的约束和激励。因此，有关财税制度的改革应该按照机制设计理论的原理，使地方政府和官员的行为能够更好地促进社会公共利益。

第三节　基于世代交叠模型的地方政府土地开发行为分析

由于中国在主要土地开发过程中，政府长期占主导地位，具有较强的控制力，因此要想实现土地资源开发的跨期最优配置，实现土地资源有限等约束条件下的合理开发，政府行为是关键，尤其是拥有实际处置权的地方政府。然而，近年来在经济利益和政治激励的双重驱动下，地方政府不断加快对土地资源的开发，以推动地区经济的超常规发展。这种“粗放式”增长模式在客观上加剧了资源约束与经济发展之间的矛盾，并且形成了对土地资源“寅吃卯粮、竭泽而渔”式的开发局面。尤其是在缺乏对现任政府行为进行有效约束的情况下，由于土地资源的过度开发，导致土地开发的跨期配置不合理，而在各任期之间形成了较强的负外部性。如果不能及时改变现有开发模式，以实现土地开发的跨期最优配置，仍然以当前的粗放开发模式开发资源，那么耕地保护将面临日趋严峻的挑战。

从目前土地的开发模式以及开发过程中的政府行为来看，短期内地方政府推动的土地开发，对地方经济增长起到了一定的促进作用；但从长期来看，其消极作用会日益凸显。土地的长期过度开发必然会带来未来的地区经济增速放缓、经济结构日益失衡和地区收入差距不断扩大等问题。规范土地开发过程中的政府行为对促进土地合理开发与利用意义重大。政府行为的约束限制以及在土地开发跨期配置上的失灵，实际上反映的是一个代际公平问题。而由于土地资源的稀缺性以及不可再生性使土地开发的时期选择问题显得更为重要。如何在资源有限的情况下实现经济的可持续发展，如何规范政府行为以实现土地开发的代际公平，要求我们必须重新审视现阶段的土地开发模式。而研究政府行为与现阶段土地开发模式的关系就显得尤为重要。

一　资源开发问题的研究进展

在涉及资源跨期最优配置的经济增长模型中，尤其是对代际公平问题的研究，由 Diamond 提出的世代交叠模型（Overlapping Generations Model，OLG）无疑是一个强有力的分析工具。基于 OLG 模型，国外学者进行了一系列研究。Kemp 和 Long 首次在世代交叠模型中引入土地资源，并进行了竞争均衡的分析。Olson 和 Knapp 利用世代交叠模型研究了不可再生资源作为财产在代际间的分配问题。20 世纪 90 年代初，Howarth 把 OLG 模型扩充到一个具有不确定性的生产和投资的经济，他指出为了极大化社会福利一般要求风险规避的资源转移者。Pezzey 和 Howarth 等研究认为资源代际外部性内部化不一定能实现代际平等，并指出即使当代人关心下一代，利己主义导致的资源转移也不能实现福利最大化。与 Pezzey 和 Howarth 等的研究不同，洪树林在 OLG 模型中考虑资本生产带来的环境外部性进行分析，指出政府征收的环境税以及消费税和一次性转移有助于实现社会最优。此外，宋冬林等将资源税引入到改进的 OLG 模型，研究认为通过对家庭进行补贴，可以达到约束资源消费的目的。

此外，部分学者对资源跨期配置中的政府行为还进行了更深入的研究。Blanchard 和 Fischer 提出政府可采用社会贴现率来实现不同代际间的资源公平配置；Ono 认为政府作为资源配置的主体应公平对待每一代，实现不同代际间的公平；在国内关于这一问题的讨论中，宋敏和田贵良将 OLG 模型应用于沿海港口岸线资源代际配置管理，分析政府的决策行为和决策类型，并指出政府在资源代际配置管理的三个主要方面的决策选择；徐晓亮通过对 OLG 模型中资源税影响因素分析，认为政府进行适当的资源税改革会确保经济稳定增长，最终影响政府决策行为。

可以看出，学者对资源开发过程中的政府决策行为已进行了卓有成效的研究，且利用世代交叠模型分析代际之间的资源跨期配置问题也已经比较成熟，部分学者也已开始对政府行为进行分析。然而，以往对政府行为的研究往往将政府当作其中的一个影响因素，很少对政府的行为动机进行模型分析，这是研究的不足。基于此，我们以代际公平理论为基础，运用世代交叠模型分析土地资源开发过程中的政府行为，对影响地方政府行为选择的关键因素进行讨论，同时对中央政府现行土地开发政策的合理性进行深入分析。

二　土地资源开发中的地方政府行为分析

“代际公平”是实现可持续发展的一个重要原则，是指在经济社会发展中，要实现当代人与后代人在资源利用、利益实现与生存发展等方面的权利均等。这要求当代人在发展过程中，须给后代人留下生存和发展所必要的环境与土地资源。Weiss 认为代际公平应包括三个基本原则，即选择原则、质量原则以及接触和使用原则。

“代际公平”在资源的跨期配置中发挥着重要作用。可持续发展要求我们既要考虑当前发展的需要，又要考虑未来发展的需要，且不能以牺牲后代人利益为代价满足当代人的利益。要想达到代际公平，必须对土地资源进行合理的跨期配置。而“代际公平”应成为理想状态下资源开发决策的原则。

（一）模型基本假定

（1）离散时间假定同一般世代交叠模型。

（2）土地代际配置的主体为地方政府。在当前政府考核体系及其他因素的影响下，地方政府将满足本地区经济快速增长和财政收入快速增长作为土地开发的第一目标，而对土地的保护性开发就成为第二目标。

（3）各届地方政府任期划分为两个时期，L_{1t}、L_{2t}分别表示在任期前、后段的地方政府在 t 时期开发的土地总量。各届地方政府将他们可开发的土地分配在任期内的两个阶段。

（4）效用函数的定义。我们把在 t 时期任上的一届政府进行土地开发的时间分为两段：时期 t 的第一阶段 L_{1t}，和第二阶段 L_{2t+1}，$U(t)$ 表示时期 t 的政府土地开发的效用函数，它依存于 L_{1t}和 L_{2t+1}，作为 t 时期的瞬时效用函数，它的函数形式如下：

$$U(L)=\begin{cases}\dfrac{L^{1-\theta}}{1-\theta}，当\ \theta\neq 1\ 时\\ \ln L，当\ \theta=1\ 时\end{cases}\quad（对任何\ L>0）\qquad (2-1)$$

该函数形式被称为相对风险厌恶系数不变的效用函数，使用该函数形式是为了刻画政府开发不可再生资源收敛的平衡路径。

我们假定瞬时效用函数 $U(\cdot)$ 具有不变的相对风险规避倾向形式：

$$U(t)=\frac{L_{1t}^{1-\theta}}{1-\theta}+\frac{1}{1+\rho}\frac{L_{2t}^{1-\theta}}{1-\theta},\ \theta>0,\ \rho>-1 \tag{2-2}$$

式中，ρ 代表效用的贴现率，并且为常数。$\rho>0$ 表示政府第一阶段的每单位资源开发效用比第二阶段每单位资源开发效用要高，因而政府倾向于第一阶段进行资源开发。相反，$\rho<0$ 则表示，政府第一阶段的资源开发收益不及第二阶段的收益，因而政府倾向于延缓至第二阶段予以开发。如果把政府第一阶段资源开发的效用权重视为标准 1，则系数 $1/(1+\rho)$ 就表示政府第二阶段资源开发的效用权重。根据条件 $\rho>-1$，系数 $1/(1+\rho)$ 必然大于 0。

θ 为大于零的常数，它表示政府在任期内两个时期土地开发的转移意愿：θ 越小，单位面积土地的边际效用下降越慢，特别地，只要 θ 不接近于 0，单位面积的边际效用关于开发量 L 几乎是线性的，因此地方政府更愿意延缓对土地的开发，以便充分利用技术进步的优势进行土地资源开发，来满足经济发展需要的同时有效保护耕地。

（二）地方政府行为选择

在 t 时刻上任的一届政府第二阶段的土地开发量为：

$$L_{2t+1}=\frac{1}{1+r_{t+1}}(\omega_t A_t-L_{1t}) \tag{2-3}$$

式中，r 表示土地开发效率提高使单位面积开发效率提高的比率；A 表示经济发展对土地的依存度。ω 表示满足经济发展需要的土地面积。

式（2-3）经过整理，可得式（2-4）：

$$L_{1t}+(1+r)L_{2t+1}=\omega_t A_t \tag{2-4}$$

式（2－4）表示地方政府进行土地开发的预算约束。这个条件表明，一届政府任期内土地资源开发量折合到 t 期第一阶段后等于任期开始时的土地需求量。在该式的限制下，政府将任期第一阶段的土地开发量 L_{1t} 减少较小的数量 ΔL，接着，在技术进步的影响下，任期第二阶段土地开发量只要在 L_{2t+1} 的基础上增加 $\Delta L/(1+r_{t+1})$，即可满足经济发展需要，这种开发模式并不影响土地开发的现值。

因此，如果考虑最优化政府决策，第一阶段的效用损失与第二阶段增加收益的折现值必定相等。如果第一阶段效用损失小于第二阶段的增加收益折现值，政府将会通过延期开发以增加任期内总效用；相反，如果第一阶段效用损失大于第二阶段增加收益的折现值，政府将进行提前开发以增加任期内总效用。

L_{1t} 与 L_{2t+1} 对任期效用的边际贡献分别为 $L_{1t}^{1-\theta}$ 与 $L_{2t+1}^{-\theta}/(1+\rho)$。因此，设 ΔL 趋于零，变动的边际成本趋于 $L_{1t}^{-\theta}\Delta L$，并且效用收益接近 $\left[\frac{1}{1+\rho}\right]L_{2t+1}^{-\theta}\frac{\Delta L}{(1+r_{t+1})}$。当政府进行最优化决策时，他们要求：

$$L_{1t}^{-\theta}\Delta L=\left[\frac{1}{1+\rho}\right]L_{2t+1}^{-\theta}\frac{\Delta L}{(1+r_{t+1})} \tag{2-5}$$

经整理得出：

$$\frac{L_{2t+1}}{L_{1t}}=\left[\frac{1}{(1+\rho)(1+r_{t+1})}\right]^{\theta} \tag{2-6}$$

可利用欧拉方程和预算约束写出土地开发面积与技术进步的表达式，同时两边乘以 L_{1t}，并代入预算方程，从而得出：

$$L_{1t}+(1+r_{t+1})\left[\frac{1}{(1+\rho)(1+r_{t+1})}\right]^{\theta}L_{1t}=A_t\omega_t \quad (2-7)$$

即：

$$L_{1t}=\frac{(1+\rho)^{1/\theta}}{(1+\rho)^{1/\theta}+(1+r_{t+1})^{(1-\theta)/\theta}}A_t\omega_t \quad (2-8)$$

该方程表明，一届政府任期第一段的资源开发量由技术进步所决定。而留待政府任期第二段的开发面积为：

$$L_{2t+1}=\frac{(1+r_{t+1})^{1/\theta}}{(1+\rho)^{1/\theta}+(1+r_{t+1})^{(1-\theta)/\theta}}A_t\omega_t \quad (2-9)$$

可见，在任期内，地方政府在第一阶段的土地边际开发倾向及留待第二阶段的土地开发强度分别如下式所示：

$$l_t=\frac{(1+\rho)^{1/\theta}}{(1+\rho)^{1/\theta}+(1+r_{t+1})^{(1-\theta)/\theta}} \quad (2-10)$$

$$s_t=\frac{(1+r_{t+1})^{1/\theta}}{(1+\rho)^{1/\theta}+(1+r_{t+1})^{(1-\theta)/\theta}} \quad (2-11)$$

由于效用贴现率 ρ 是外生因素，而技术进步水平 r_{t+1} 是系统内生因素。因此，上式表明：资源开发强度与留待开发倾向都为技术进步（r）的函数。即：

$$l=l(r)=\frac{(1+\rho)^{1/\theta}}{(1+\rho)^{1/\theta}+(1+r_{t+1})^{(1-\theta)/\theta}} \quad (2-12)$$

$$s=s(r)=\frac{(1+r_{t+1})^{1/\theta}}{(1+\rho)^{1/\theta}+(1+r_{t+1})^{(1-\theta)/\theta}} \quad (2-13)$$

从上式可以推出，$(1+r_{t+1})^{(1-\theta)/\theta}$ 关于 $(1+r_{t+1})$ 的导数是：

$$\frac{\theta-1}{\theta}(1+r_{t+1})^{-1/\theta} \quad (2-14)$$

因此，如果 $0<\theta<1$，s 关于 r 是递增的，如果 $\theta>1$，s

关于 r 是递减的。

考虑技术进步条件下，政府两期内资源开发选择有如下三种情况：

（1）当 $\theta<1$ 时，即政府进行土地开发的相对风险规避倾向较小时，政府乐于在任期内两个阶段进行开发替代以充分利用技术进步带来的好处，此时政府将倾向于储备土地留待以后开发。

（2）当 $\theta>1$ 时，即当政府进行土地开发的相对风险规避倾向较大时，即政府对任期内两个时期的土地开发具有强有力偏好时，政府倾向于任期第一阶段过度进行土地开发，致使大量土地在较低的利用率下低效开发，造成资源严重浪费。

（3）当 $\theta=1$ 或无限接近于 1，即当政府进行土地开发的相对风险规避倾向适中时，技术进步因素对政府进行土地开发的决策影响不显著，政府的开发时期偏好与 r 无关，其开发偏好主要受其他随机因素影响。

（三）模型结果分析

由实际情况可知，r 不断增加，即土地开发技术不断提高。因为在土地开发过程中，土地规划和利用效率等将不断改善和优化。而这些因素会共同推动土地开发技术水平的不断提高。

由上文可知，如果 $0<\theta<1$，s 关于 r 是递增的，如果 $\theta>1$，s 关于 r 是递减的。因此对改善途径可分两种情况进行讨论：

情况一：当 $\theta>1$ 时，$\frac{\partial s}{\partial r}<0$。随着土地开发技术 r 不断提高，s 必然下降，即出现土地的过度开发。相反，如果我们假设 s 上升，则必然降低 r 的水平，这将导致土地开发的低效率，造成土地的严重浪费。这表明，当地方政府对尽早开发具有较强的偏好时，其过度开发行为，必然降低土地开发技术的改善。

情况二：当 $0<\theta<1$ 时，$\frac{\partial s}{\partial r}>0$。这说明，技术进步水平 r 与 s 同方向变动。表明土地开发技术水平与合理开发具有内在一致性，合理的开发强度有利于土地开发技术水平的提高。

通过比较情况一和情况二，可以得出：如何有效降低 θ，即约束和引导地方政府行为是解决中国土地资源过度开发的关键。在中国经济从粗放式增长向集约式增长转型阶段，θ 较高，即 $\theta>1$。按照上文分析，当 $\theta>1$ 时，政府对土地资源尽早开发具有强有力的偏好，倾向于任期第一阶段进行过度开发。政府对土地资源尽早开发的强偏好与当前中国经济发展方式、土地征收与出让机制及官员政绩考核制度密切相关。

其一，中国经济增长方式长期依赖要素驱动。长期以来，中国的经济增长主要依靠物质要素投入推动，这种增长方式不可避免而且正在遇到资源和环境不可持续的制约。当前中国产业结构不合理，第二产业快速增长，且以高耗能、高资源利用产业为主导，企业的创新能力、新技术利用率较低。而第三产业发展相对滞后，经济呈现出明显的“高投入、高消耗、高污染、低效益”的粗放型特征。国内外经济增长形势和条件固化了中国的传统增长模式，使土地利用长期保持高增长态势，对土地过度开发现象持续存在。

其二，土地征用机制不合理。从要素供给来讲，土地资源是生产的必需要素。由于中国土地征收与出让机制不完善，工业用地价格长期偏低，市场需求导向不足，供求与价格之间缺乏足够的互动传导机制，工业用地出让价格不能真实反映其稀缺程度和市场供求状况，难以起到激励或约束相关经济主体节约用地的作用。工业用地价格偏低导致在经济增长过程中土地利用和开发效率低，带来土地过度开发和低效使用。

其三，不合理的地方政府政绩考核机制。长期以来在中国以 GDP 增长为主的地方政府政绩考核机制下，地方政府官员往往为了政绩而一味追求 GDP 的增长，导致地方一些官员施政急功近利，只要能够带来 GDP 的快速增长和财政收入的增加，就会想尽办法对土地资源进行尽快开发、提前开发，而土地开发对地区经济增长和财政收入的带动作用也较为明显。所以，地方政府不仅热衷于土地开发，有时甚至是不惜成本，不顾环保，不计民生。这种土地开发模式往往只顾眼前利益，缺乏对土地开发的可持续性长远规划，这样不仅会导致其任期第二阶段财政能力萎缩，影响下届政府公平利用土地资源的机会，而且破坏了经济秩序，进而危害经济的健康持续增长。

综上所述，地方政府对土地资源的尽早开发的强偏好，是土地过度开发的一个重要原因。不合理的地方政府政绩考核机制是政府行为的基础，而要素驱动的经济增长模式和土地价格市场改革的滞后加强了政府在任期第一阶段进行土地过度开发的行为偏好，而对下届政府的考虑不足。地方政府软约束与地方政府的尽早开发强偏好，必然带来土地的过度开发，产生土地资源开发代际之间的负外部性，导致代际之间的不公平。

通过上述分析，可以看出，政府行为对土地资源开发有很大影响。要想在土地开发与经济发展中找到最佳平衡点，就必须不断约束并优化地方政府开发行为。通过不断转变经济发展方式，加快产业结构调整，推进土地制度改革，来突破经济发展的资源“瓶颈”。

第四节　财政制度变迁与土地财政的形成

综观改革开放以来中国财政体制的改革脉络，1994 年的分税制改革和 1998 年开始推行的财政支出管理改革确立了中国公共财政体制的基本框架，尤其是以 1994 年的分税制改革对 1994 年以来的经济体制改革和公共财政体系构建都产生了深远的影响。分税制改革规范了政府与企业、个人的分配关系，建立了有效的财政收入稳定增长机制，增强中央和地方政府的积极性和中央财政的宏观调控能力，为中国社会主义市场经济体制建设和宏观经济快速发展提供了有力支持。自改革开放以来，中国的财政体制改革取得的成绩有目共睹，但是由于改革的渐进性、复杂性，伴随经济社会发展形势的不断变化，财税体制不可避免地会出现不协调、不适应。中国在政治集权下的经济分权体制更是加剧了财税体制与经济社会发展的不一致，使财税体制改革更趋复杂。

一　放权改革与地方政府利益凸显

中国的财政体制在计划经济时代是以“统收统支”的模式运行的，各级地方政府既没有独立预算，也没有税收征集和财政支配的自主权。在这样一种高度集中的体制之下，地方政府由于没有独立的利益空间，因此也没有追逐利益的内在冲动，各级政府的利益高度一致。

基于调动地方发展经济积极性的改革总体思路，从 1980 年开始，中央在全国推行“划分收支，分级包干”的财政承包制。这一改革改变了以往财政体系“吃大锅饭”的模式，确立了中央财政和地方财政各自的利益和地位，分权财政由此开始。财政分权的制度安排并非一蹴而就。此后，1955—1988 年的“划分税种、核定收支、分级包干”和 1958—1993 年的“全面包干”，都可以视作中央地方就财政分权格局的调适。这三次制度调整的共同特征是赋予了地方政府财政“剩余索取权”（郭庆旺，2006）。财政包干制意味着，地方政府在完成上缴中央财政的工作任务之后，剩余的财政收入归地方所有。然而，在中央强大的行政权面前，财政承包制并不稳固。面对中央政府三次为扩大中央固定收入规模而做的制度调整，带有利益考量的地方政府显然早已意识到问题的“严重性”。为了避免中央政府对地方所有企业利税的争夺，地方政府一边兴建和发展地方企业和乡镇企业，一边将大量企业利润隐藏或转移到体制之外。地方政府的自利性面目逐渐浮现。也正是在此期间，地方政府的利益觉醒发展为“地方政府法团主义”，也有学者认为中国特色的“财政联邦主义”激励地方政府发展经济，并将这段时期中国经济高速增长归因为来自分权模式的“财政承包制”。不可否认财政分权对地方经济的激励作用，但是我们仍要看到，是地方政府成功化解了中央政府争夺利税的“危机”，才使财政分权的激励作用得以显现。

财政分权改革后，地方政府对增加预算外收入表现出了极高的创造性。由于预算外收入不像预算内收入要接受上级财政部门的严格监督，其使用灵活度较大，同时，预算外收入无须与上级政府分享，其增收不会导致后续年份上缴比重抬高，因而发展预算外收入成为地方政府在财政分权改革后的重要策略选择。地方政府实际掌控的资源由于预算外收入得以显著提高，地方政府的经济实力也因此得到提升，从而使地方政府的自主能力大大增强，对中央政府或上级政府的依赖程度降低。地方政府自利性的觉醒，在一定程度上重构了中央与地方两者之间的关系。在传统的财政体制下，地方政府对上级政府具有高度依赖性，财政分权改革之后，地方政府逐渐演变为具有独立经济利益目标的公共事务管理主体，与其他理性行为主体一样，以实现自身利益最大化为目标，根据制度环境的约束与激励同上级政府展开利益博弈。地方政府自利性的“萌发”，不仅改变了其一贯的行为方式，而且在制度变迁中继续产生影响，维护已经取得的社会经济资源。从某种程度上说，正是改革开放后的放权试验，逐步塑造了地方政府以经济增长为导向的企业型政府的主体特征。

二　财权上收与软预算约束

依据传统的财政分权理论，地方政府具有信息优势而居民可以通过“用脚投票”方式选择提供优质公共物品的居住地，这样便可以促进地方政府的公共服务质量提升。改革开放后中国经济的高速增长，可以说正是因为抓住了经济发展中激励机制这一深刻主题，以经济领域的分权改革作为激励。

然而，在“财政包干制”之下，地方政府发展经济的动力虽然充足，但是为了避免因前期收入较高而导致后期上缴更多收益的风险，地方政府往往借助税收减免的手段“藏富于地方”或“藏富于企业”。这一手段之所以可以成功，是因为地方政府控制着实际税率和税基。在此策略选择下，地方政府的财力雄厚，而中央政府财力捉襟见肘，宏观调控能力弱化。从数据来看，1993 年地方财政收入占全国财政收入比重达到 80%，而中央财政仅占 20%。

财政包干制的积极意义在于“分灶吃饭”的体制极大地调动了地方政府发展经济的积极性。然而财政包干制只是分权财政体制实验的初级阶段，中央与地方的财权划分仍处于不断的调适过程中。随着地方财政的壮大，中央财政的萎缩，中央宏观调控能力的弱化使经济中不稳定的因素增加，为了扭转上述局面，1993 年 12 月 15 日国务院发布《关于实行分税制财政管理体制的决定》，从 1994 年 1 月 1 日起改革地方财政包干体制。确立分税制是中央政府改变财政收益分配格局的一次重大改革，在制度上规范了政府间财政分配关系，强化中央税收立法权，实现中央财政收入占全国财政收入比重的提高。

分税制的实施效果立竿见影，中央和地方的财政收支状况立即发生了扭转。中央财政收入占总收入的比重从改革前的20%左右，激增至改革后的50%以上。而与此同时，地方财政支出呈现不断增长的趋势，中央与地方的财权与事权出现了新的不匹配。

在“财政承包制”下，地方政府可以通过隐藏企业利润或减税来规避中央政府对地方所有企业的利税争夺，或者将预算内收入转为预算外收入甚至是体制外收入。然而，分税制改革之后，国税系统与地税系统分开，同时政府间支出责任划分不变，财政收入的集权化大大压缩了地方政府通过税收工具扶持当地企业的空间（陶然，2009）。分税制使地方政府的财政压力日益明显，地方政府在经济发展中的角色和行为特征也随之调整。

在分税制改革中，按照中央政府的意愿重新构建了一个更有利于中央财政集权的制度环境，可以想象这种自上而下的强制性制度变迁的成本和难度。然而由于软预算约束的存在，以及地方政府对体制外资源的探寻，客观上缓和了制度变迁的阻力，保证了分税制改革的成功。

我们可以看到，在经过20世纪90年代前期推行分权改革实验后，即便有心重新扮演强势角色的中央政府，也不会不顾地方在发展当地经济上的信息优势，再选择计划经济下的完全控制型财政体制。中央政府在集中一定财力的基础上，一方面在税种的划分上设置中央地方共享税和地方独享税；另一方面默许了“给予地方政府一定的非正式税收自主权，比如各种非正式税收的收费权和以控制土地之类的稀缺资源获取租金的隐性抽税权”（陶然，2007）。财权上收的强势改革与默许软预算约束并存，一收一放正好维系了制度变迁的动态平衡，推动着改革的前进。显然这种制度空间，是制度设计者考虑了成为独立利益主体的地方政府的利益需求的结果。

当然，软预算约束和地方政府掌控“体制外”资源的倾向并非始于分税制改革中央政府的“默许”。从分权改革伊始，地方政府便有攫取体制外资源的意识萌生。相关学者的研究表明，由于地方政府作为地方国有企业和乡镇企业的出资人，对企业的现金流具有实际控制能力，为避免中央政府对地方所有企业的利税争夺，地方政府通过隐藏企业利润或减税，实行所谓“将肉烂在锅里的政策”（陶然，2009），或者“在适宜的时候，通过地方企业上缴利润的形式获得预算外收入”（周飞舟，2010），甚至干脆“将预算内收入转为预算外收入乃至体制外收入”。地方政府自此形成了对非正式财政资金的严重依赖。然而，这种“依赖”却不完全是出于预算内财政的压力，更主要的原因是这些非正式财政资金没有严格的监督，调配自由，使用方便，地方政府由此形成了掌控“体制外”财力的自我驱动。税制结构调整之后，地方企业改制也开始推行，从而使地方政府对地方企业的控制能力下降。特别是国税系统对税收监管的强化，也大幅压缩了地方政府通过转移收入扶持地方企业以获取“企业上缴利润”的空间。此时，地方政府开始寻找新的出口，寻找新的“体制外”资源，土地出让成为其最佳选择。

土地财政是中国经济体制转轨过程中一个阶段性的财政现象。城市化快速推进、土地二元制度和分税制后地方财权的弱化，构成了地方财政走向“土地财政”的制度条件。对地方政府土地利用行为演进过程的分析表明在中国的渐进式改革过程中，地方政府会利用自身的信息优势和可选择政策空间实现自身效用的最大化。在现行激励约束机制下，地方政府必然会选择通过对土地资源的过度开发推动经济的快速增长。基于世代交叠模型的分析进一步印证了对地方政府行为约束不足是导致土地利用粗放低效的重要原因。从短期来看，解决土地财政问题应从完善财税体制，加强对地方政府行为的约束着手；从长期来看，应从根本上纠正经济发展过程中长期存在的城市偏向。

第三章

土地财政的经济增长效应：理论分析与实证检验

随着中国经济增长速度的不断加快和城市化进程的明显加速，对土地的需求日益增大，土地财政在国民经济和社会发展中的地位也不断提高。近年来，则已成为推动地区经济增长的重要因素。现阶段中国地方土地财政收入主要由三部分构成：一是通过土地出让获得土地出让金收入；二是把储备土地作为抵押物获取银行贷款；三是以低价工业用地吸引投资带动地方经济发展和预算内税收收入增加。地方政府通过前两种方式获得资金增加了政府用于城市基础设施投资和市政建设的投资支出，后一种方式不仅可以增加外来投资资本，还可以获得稳定长期的税收来源，这些土地财政收入相互渗透推动地方经济不断增长。同时，在地方经济的增长与土地需求量日益增加的推动下，土地价格的不断上涨，会进一步扩大土地财政收入。可见两者之间相互促进、互为因果，已经形成复杂的依赖关系。本章试图从这个角度对地方土地财政与地方经济增长之间的相互关系做深入的理论分析，并结合近年来两者的变动关系进行实证检验。

第一节　土地财政的收入构成与支出安排

一　土地财政的收入构成

根据中国现有的法律法规，对地方政府的土地财政收入还没有十分确切的界定，通常是指地方政府从土地征用或者出让之中所得到的相关收入。从土地财政的收入构成来看，一是具有收益来源的广泛性，二是在收益方式选择上具有明显的倾向性。首先，在现有土地财政模式下，土地出让金是土地财政收入的主要构成部分①。自分税制后这部分收入，在地方政府财政收入中一直占有较高比例，如图3－1所示。从国有土地使用权的出让到房地产开发、销售、转让、持有等各环节中，所涉及的属于地方收入的税种包括土地增值税、营业税、城建税、房产税、城镇土地使用税、教育费附加、耕地占用税、印花税和契税等。另外，在现代金融体系中信用度最高的是政府信用，因此地方政府凭借其天然的信用优势，以土地使用权和收益权作为抵押，获得金融机构的贷款，作为其进一步扩大投资的资金。其次，从收入的来源属性看，可以把地方政府收入大体划分为内部收入和外部收入两类。其中，内部收入主要为地方税、地方政府所属企业的国有资产收益、共享税收收入等；外部收入主要为纵向转移支付收入和补助收入，如中央对地方的转移支付等。分税

① 土地出让金收入实际中通常国有土地供应出让成交价款表示。

制以后，地方财政财权减少，事权增大，同时预算法规定地方政府无权发债筹集资金。因此内部收入难以满足支出需求，造成了地方债务问题。而土地出让金收入属于预算外收入，以土地为抵押的融资收入是制度外收入，地方政府可以不将其纳入预算以逃避人大和公众的监督。从成本收益比的角度来分析，因为地方政府在土地市场中处于垄断地位，可以实现成本的外部化，从而降低了自己承担的部分。因此，如果把地方政府视作一个理性个体，那么它必然会倾向于低成本，高收入的政策组合方式，会偏好于土地出让金收入和土地抵押融资收入。

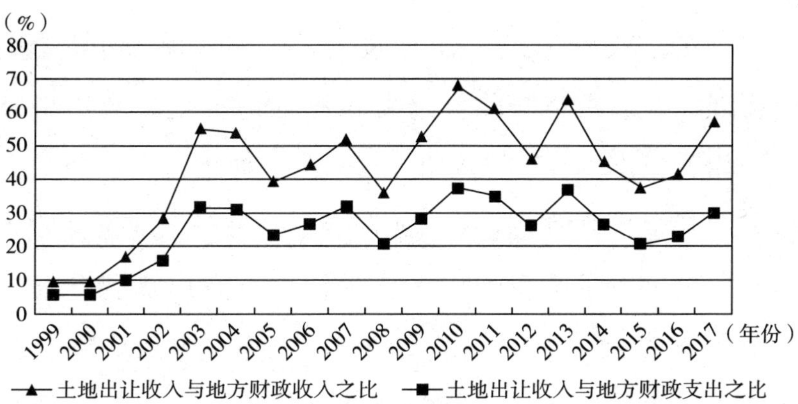

图 3-1　土地出让收入与地方财政收入和支出之比变化

土地出让金，也叫"国有土地使用权出让收入"。分税制改革以后，为对地方政府收入来源不足进行补偿，明确将土地出让金收入全部划归地方政府所有，无须与中央政府共享，将其列为地方政府的预算外财政收入。中国是一个社会主义国家，土地也是实行公有制，所以，土地出让金的性质和普通的税费还不太相同，它本质上是一种租金，是土地使用的价格。就城镇国有土地的出让来讲，住宅用地出让的使用年限通常为七十年，工业用地出让的使用年限为五十年，而商业用地出让的使用年限为四十年。因此，土地出让金可以理解为未来数十年土地使用租金的总贴现值。在实际的国有土地出让过程中，具体土地出让金的确定并非采用各年租金的折现相加计算而来的，而是根据不同的用地需要，结合土地市场需求情况综合考虑确定的。随着土地出让制度的逐步完善和《招标拍卖挂牌出让国有土地使用权规定》的实施，目前国有土地出让主要通过公开“招、拍、挂”的方式进行，土地出让金也越来越能充分反映土地市场的供求状况。在2007年之前，土地出让收入要先纳入预算外资金财政专户管理，然后再将扣除拆迁费用和征地补偿以及土地开发支出等相关成本性支出之后的余额缴入地方国库，并纳入地方政府性基金预算管理。在2007年，中央对土地出让收入管理制度再次进行了改革，根据要求，地方政府需要开立土地出让金收支专门账户，将土地出让金收入纳入地方财政预算，要求对土地出让金实行收支两条线管理，并与一般预算要分开核算，专款专用。

与土地直接相关的税收收入就是指在土地使用或者转让的过程中直接缴纳的相关税收收入。这些税收是纳入地方政府财政预算内管理的，现有的有关土地课税的税种有十多种，最主要的税种有：城镇土地使用税、耕地占用税、契税、土地增值税。这些税种在分税制改革以后均被划归地方政府所有，图3－2为与土地出让有关的主要税种占地方财政收入比重的变化趋势（土地增值税未能找到相关数据），自20世纪90年代开始，各税种伴随土地市场的发展，在地方财政收入中所占比重总体呈上升趋势，特别是契税在地方财政收入中占比较高，且近几年仍在上升。

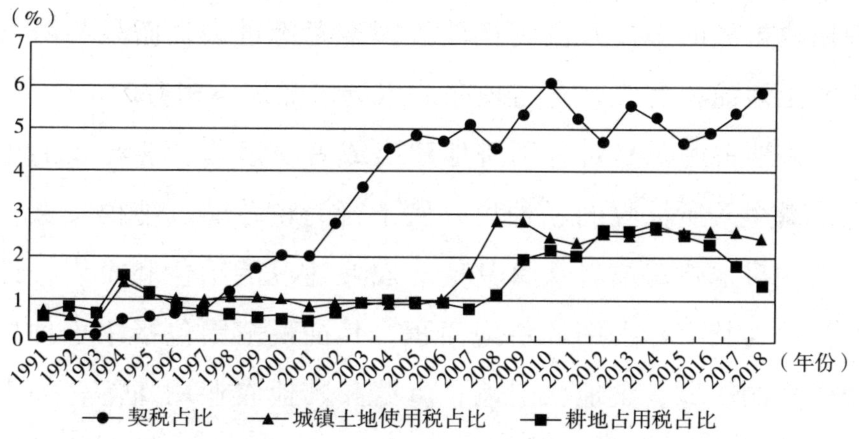

图3－2　与土地出让有关的主要税种占地方财政收入之比变化趋势

城镇土地使用税，常被简称为土地使用税，是对拥有土地使用权的单位和个人征收的一种税，无论其土地使用权的取得方式是出让、划拨还是买卖。土地使用税的征税对象为城市、县城、建制镇和工矿区范围内的土地，计税依据为土地使用权所有人实际占用的土地面积。土地使用税的纳税义务人为在城市、县城、建制镇和工矿区范围内使用土地的单位和个人，由拥有土地使用权的单位或者个人缴纳。土地使用权的拥有人不在土地所在地的，由其代管人或实际使用人缴纳；多方共有土地使用的，由共有的各方分别纳税。由房管部门经租的公房用地，若土地使用权属于房管部门的，应由房管部门缴纳土地使用税。按照现行的规定，每平方米土地需要缴纳的土地使用税金额在不同的城市是不一样的，对于北京、广州这样的经济发达的一线城市，一般是10元左右，而二线城市的价格稍微低一点一般在10元以内，三线城市更低一般在5元以内。由于每平方米土地需要缴纳的土地使用税金额的多少并没有把地段因素考虑进去，而只与所占用的土地面积有关，这与现在的市场情况是不相符的。

耕地占用税是对占用耕地建房或者从事非农业建设的单位或者个人所征收的一种税，属于行为税范畴。纳税义务人为占用耕地建房或者从事其他非农业建设的单位和个人，计税依据为其实际占用的耕地面积。其征税范围包括用于种植农作物的耕地、菜地、园地、鱼塘和其他农业用地等，如人工种植的草场以及已开发种植农作物或者从事水产养殖的滩涂等。耕地占用税采取的是地区差别税率，根据人均占有耕地面积将全国分为四类地区，并结合耕地的不同用途，确定不同的税额。根据相关规定，对经济技术开发区、经济特区以及其他经济发达而人均占有耕地较少的地区可适当提高征税额，但最高不能超过50%。土地增值税将土地的增值情况作为考量重点，而耕地占用税有所不同，它与增值情况无关而主要根据占用耕地的面积来计算，耕地占用税不反映地块的增值情况。

契税是向土地、房屋权属转移时的承受者所征收的一种税收。根据1997年国务院发布的《中华人民共和国契税暂行条例》，凡是在中国境内取得土地、房屋权属的企业及个人，都应当依法缴纳契税。取得土地、房屋权属的具体方式包括：土地使用权转让（包括出售、交换和赠予），国有土地使用权出让，房屋买卖、交换和赠予等。根据规定，下列方式也视同契税应税行为，如以土地、房屋权属抵偿债务，以土地、房屋权属作价投资、入股，以预购或预付集资建房房款的方式承受土地、房屋权属，以获奖的方式承受土地、房屋权属等。契税实行3%—5%的幅度比例税率。从在土地财政收入中占有的份额来看，契税比土地使用税、土地增值税、耕地占用税所占比重都要大。

土地增值税是对国有土地使用权、地上的建筑物及其附着物转让过程中所取得收入增量部分所征收的一种税负，转让所取得的收入包括货币收入、实物收入及其他收入，征收对象为取得收入的单位和个人。土地增值税以土地使用权转让及出售建筑物时的土地价格增值额为征税依据，对以继承、赠予等方式无偿转让房地产的行为不征收土地增值税。增值额是指转让取得的收入减除规定的开发成本、费用等支出后的余额。根据1993年国务院颁布的《中华人民共和国土地增值税暂行条例》和1995年财政部颁布的《中华人民共和国土地增值税暂行条例实施细则》，土地增值税实行四级超额累进税率，具体分为增值额未超过扣除项目金额50%；超过扣除项目金额50%，未超过100%；超过扣除项目金额100%，未超过200%；超过扣除项目金额200%四个档次，适用不同的税率。开征土地增值税的初衷是为了对房地产市场进行调控，优化房地产上下游行业结构。但是由于投资者对土地增值税的高度敏感性，地方政府出于担心其对地区投资环境产生影响，对其征收并不重视。

城市化和工业化被称为是中国经济快速增长的两个发动机。在工业化和城市化过程中，土地的开发与出让与建筑业及房地产业的快速发展密切相关，建筑业及房地产业发展过程中所产生的税收即为土地相关的间接税收。它包括房地产业和建筑业的营业税、所得税等。除此之外，地方政府与土地有关的间接收入还包括相关部门的行政性收费等，由于其占比较少，在此不再进行一一赘述。城市化的推进会带来地方政府土地相关的直接或间接收入的大幅增加，这也成为多年来地方政府一直积极推动城市化的重要原因。中国土地政策改革课题组（2007）进行的一项调查显示：由快速城市化所带动的建筑业和房地产业的快速发展所产生的各项税收收入，已经成为中国地方政府预算内收入的重要来源。房地产业和建筑业较长的产业链条及其延伸以及与其相关行业较多，使土地财政的大小和影响常常被低估。

通过土地抵押及其他融资方式获得发展资金已成为地方政府最重要的收入来源之一。由于土地是一种价格不菲的资产，这种属性决定了它与金融必然有着密切的联系，因而地方政府把土地抵押出去从银行获得贷款是地方政府筹集建设资金的一种重要手段。地方政府往往通过设立土地储备中心或者政府性的公司，并以它们为载体向银行抵押土地获得银行贷款来缓解城市建设的资金缺口。根据刘守英、蒋省三（2006）对东南沿海的部分县市的测算，在每年投入到基础设施建设中的数百亿的资金中，来自地方财政预算的资金仅占10%，来自土地出让金的部分大约占到30%，而另外的60%左右的资金则是通过抵押土地获得的银行贷款。

从收入构成来看，土地财政主要呈现以下特点：一是涉及内容广泛。既涉及地方政府的预算内收入又涉及地方政府的预算外收入，仅与其相关的税种就达近十种之多。二是构成复杂。在土地财政收入构成中，既有一次性收取的土地出让金、耕地占用税等，又包含土地增值税和土地使用税等，且不同来源的收入规模也存在较大差异。三是土地财政与地方政府具有天然的密切联系，不管是土地出让金的实现还是土地抵押融资的发展模式，都是基于地方政府的深度参与实现的。

二 土地财政的支出安排

由于土地出让收入是土地财政收入的主要构成部分，且土地财政收入的其他部分数据难以获取，因此本节对土地财政支出安排的分析，主要围绕土地出让金收入的支出展开。总体来看，土地出让收入的使用范围主要包括以下几个方面：一是征地和拆迁补偿支出，包括土地补偿费、地上附着物和青苗补偿费、安置补助费、拆迁补偿费等；二是土地开发支出，包括与土地前期开发相关的道路、供电、供水、供气、排水、照明、通信、土地平整等基础设施建设支出，以及与前期开发相关的银行贷款的本息支出等；三是对被征地农民社会保障等的补助支出，包括失地农民的就业、住房、医疗、卫生、社保等方面的支出；四是投向农村的基础设施建设支出，包括用于改善农村环境、卫生、医疗、教育以及文化等基础设施建设支出；五是农业土地开发支出；六是城市建设支出，包括城市公共绿地、公共厕所、道路、桥涵、消防设施等基础设施建设支出；七是土地整理、耕地开发、基本农田建设和保护支出；八是城镇廉租住房保障支出；九是土地出让业务支出；十是破产或改制国有企业的职工安置等的支出。

按照财政部与各省财政部门对土地基金管理的具体要求，各市县财政部门负责土地出让收入的分配入库。将土地出让金具体分解为国有土地收益基金、农业土地开发资金、新增建设用地土地有偿使用费、国有土地使用权出让金四部分。其中：（1）国有土地收益基金，按照省级人民政府规定的比例进行计提，县市专有，专门用于各市县的土地收购储备，具体包括安置补助费、土地补偿费、拆迁补偿费、地上附着物和青苗补偿费以及前期土地开发支出等项目；（2）农业土地开发资金，由市县与省级财政分享，其中省级最高可以集中该项资金总额的30%，该项资金的投入方向为农业土地开发，具体可细分为土地整理和复垦、基本农田建设、宜农未利用地开发以及农业生产条件改善等方面；（3）新增建设用地土地有偿使用费，由中央与省级政府分享，30%上缴中央，70%归地方财政，上缴中央财政的土地有偿使用费作为中央财政基金预算收入，归入地方财政的土地有偿使用费成为地方财政基金预算收入，均须专项用于耕地开发和土地整理；（4）国有土地使用权出让金，是县市总入库收入减去上述三项支出后的余额，地方政府在按照中央规定的四项法定支出后，可按照地方需求灵活地使用剩下的余额，从地方政府的实际情况来看，尤其是从2011年起，地方政府可自主支配的财力被大幅缩减。

根据 2006 年国务院办公厅发布的《关于规范国有土地使用权出让收支管理的通知》，财政部、国土资源部、中国人民银行制定的《国有土地使用权出让收支管理办法》，以及 2009 年财政部所发布的《关于进一步加强土地出让收支管理的通知》，国有土地出让收支须全额纳入政府性基金预决算管理，实行收支两条线、专款专用的预决算管理制度。在国有土地出让收入的具体分配方面，财政部门对其使用方向与领域的优先顺序也进行了规定。以 2012 年的支出结构为例，国有土地出让收入应首先用于足额支付征地拆迁补偿费用、补助被征地农民社会保障费用和破产或改制国有企业职工安置费，在保障上述支出安排能够完成的基础上，再分别按照农业基础设施建设、土地开发、城市基础设施建设的顺序安排其他支出项目，为了从制度上杜绝预算软约束的发生，特别规定土地出让收入的余额不得用于平衡一般财政预算，更不得弥补一般行政运行经费。国有土地出让收支的预决算由地方财政部门、国土资源管理部门等按照相关规定进行编制。同时，须按照规定程序定期向同级人民政府报告，由政府再依法向同级的人民代表大会报告。

从支出安排来看，中央政府对地方政府在土地财政支出安排方面，从投向到支出程序都已经做出了较多的规定。2020 年 9 月，中共中央办公厅、国务院办公厅联合印发了《关于调整完善土地出让收入使用范围优先支持乡村振兴的意见》，明确要求加强土地出让收入支持乡村振兴的力度，对土地出让收入的重点支出方向和比例做出了明确规定。

显然，此前在土地财政问题上，地方政府并没有严格按照规定进行支出安排。可见，中国地方政府存在比中央政府更为严重的预算软约束问题。在以经济增长为核心的政绩考核激励下，地方官员在有限的任期内，选择“以地生财”并将这些“预算外”[①] 收入投资于更有利于经济增长、彰显政绩的工程，以换取升迁机会，成为其自身效用最大化的优选。中国特有的官员考核机制直接影响了土地财政支出方向的选择。在支出方向选择上，地方政府更倾向于城市基础设施建设。这使土地财政对经济增长的影响变得更加复杂。

第二节　土地财政对地区经济的影响路径与机理

土地财政是中国经济转轨进程中，土地二元体制、财政分权体制和以 GDP 和财政收入为主的政绩考核体制共同作用的结果。土地财政已固化于现行体制，内生于中国经济增长，成为影响中国经济增长的重要经济变量。目前国内学者在对西方内生经济增长理论（Barro，1990；Zou et al.，1996）进行拓展的基础上，探讨了土地财政对经济增长的影响（杜雪君，2009；薛白、赤虎，2010；中国经济增长前沿课题组，2011），研究结果并不完全一致，但土地财政对经济增长具有显著影响且内生于经济增长得到了大家的一致认可。同时，这也表明简单地将西方经济理论进行拓展来分析

① 自 2011 年起虽然已将土地出让收入全额纳入政府性基金预算管理，但由于政府性基金的管理相对一般公共预算要宽松得多，因此部分学者仍将其称作“预算外”收入。

转轨进程中土地财政对中国经济增长的影响还不足以对这一问题形成足够清晰的认识。

土地财政作为地方政府的一种短期行为，短期内由于其对经济周期的依存度很高，会伴随经济周期的波动和宏观政策的变化，产生大幅震荡，并反作用于经济增长。长期内由于土地资源有限，土地财政必然不可持续，其等价于地方政府通过债务融资实现短期公共支出的增加，而这对经济增长的长期影响尚未可知，反而会导致合理经济结构发生扭曲。本节分析土地财政对经济增长的短期和长期不确定性影响。

一　短期土地财政的波动必然会影响经济稳定增长

土地财政的短期波动主要受到政府政策和市场环境两方面因素的影响。宏观的经济政策和土地政策会对土地供给产生直接影响，国内经济的景气度则会对土地的需求产生较大影响。地方政府是土地市场唯一的卖家，它在土地可供给量和宏观经济政策的约束下，追求自身收益最大化。受土地供给和需求变化的影响，土地财政也具有较强的波动性。近年来，土地出让金收入和地方财政收入都保持着持续增长的态势，但土地出让金收入要比地方财政一般预算收入波动剧烈许多，见图 3 – 3。

现有研究表明土地财政已内生于经济增长，因此，土地财政的波动必然会带来经济增长的波动。由图 3 – 4 可以发现，土地出让金比经济增长波动更加频繁，并且在大多数年

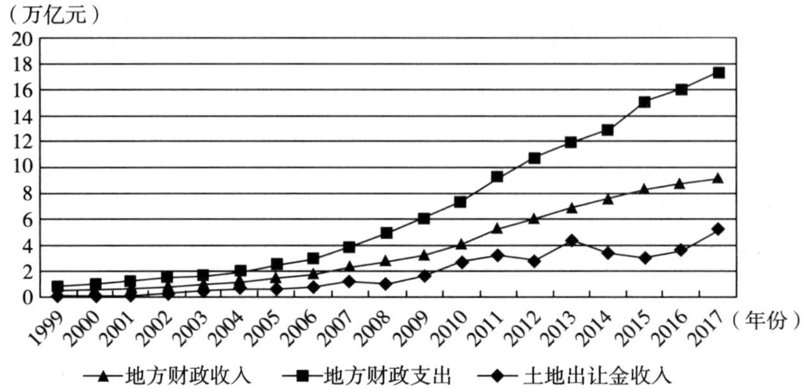

图 3-3　土地出让金与地方财政收入的波动情况

资料来源：地方财政收入数据来自《中国财政年鉴》，土地出让金数据来自历年《中国国土资源统计年鉴》。

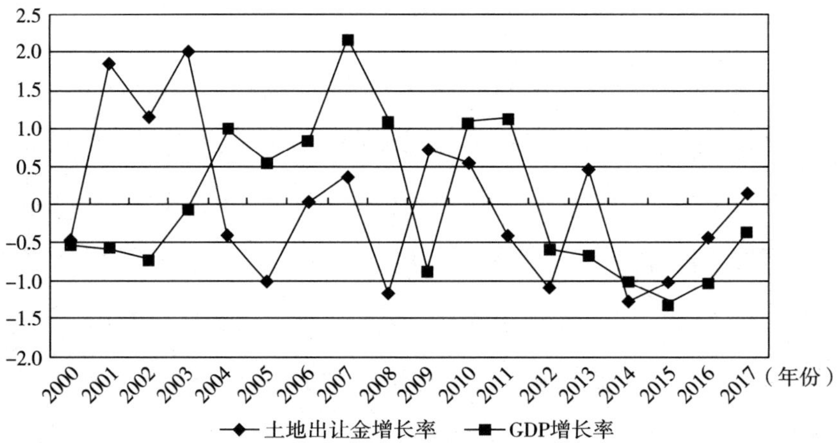

图 3-4　土地出让金与经济增长波动对比

注：采用 GDP 增长率来度量经济增长波动，数据来自国家统计局网站。土地出让金增长率来反映土地财政变动，土地出让金数据来自历年《中国国土资源统计年鉴》。对土地出让金的增长率和 GDP 增长率进行标准化处理后所得。由于 1999 年以前的土地出让金水平较低，且部分年份的数据无法找到，因此图中只显示了 1999—2017 年的土地出让金增长率与 GDP 增长率的波动情况。

份土地出让金与经济增长的波动方向一致。1999 年，受亚洲金融危机的影响，GDP 增长率有所下降，但此时受国内住房制度改革影响，土地出让金并没有随经济增长而下降，反而在住房制度改革的带动下大幅上升。同样，在2004年和2011年，受一系列从严土地政策出台的影响，土地出让金出现骤降。而GDP的大幅波动则发生在国际金融危机爆发的2008年。除开特殊年份之外，二者的波动趋势非常一致。一方面，表明了二者的波动相互影响，印证了土地财政已内生于经济增长的论断。另一方面，土地财政的波动除受经济波动的影响之外，还受到政府土地、住房政策调整的影响，使其波动更加频繁，这些波动也会对经济产生影响。

从广义上讲，土地出让收益只是土地财政收入的一部分，除此之外，土地财政还包括与土地相关的行政性收费收入、与土地流转相关的税收和政府土地融资所得。从其影响上来说，土地融资才是地方政府获取财政和城镇化资金的主要来源（刘守英、蒋省三，2005）。而包含土地融资的土地财政波动对经济增长的影响远大于用土地出让金所反映的影响程度。

从中国近年来的经济发展实践看，土地融资是支持近年城市扩张的基础，而通过银行放贷地方政府、房地产企业和居民个人已被有机捆绑在一起，使土地财政的波动影响更加全面、复杂。一方面，在城市扩张过程中，地方政府通过成立地方融资平台①，如土地储备中心、政府性投资公司或开

① 根据审计署在地方政府性债务审计中的有关说明，“融资平台公司”是指，由地方政府及其部门和机构、所属事业单位等通过财政拨款或注入土地、股权等资产设立，具有政府公益性项目投融资功能，并拥有独立企业法人资格的经济实体，包括各类综合性投资公司，如建设投资公司、建设开发公司、投资开发公司、投资控股公司、投资发展公司、投资集团公司、国有资产运营公司、国有资本经营管理中心等，以及行业性投资公司，如交通投资公司等。

发公司等，绕开中国人民银行“不允许地方政府直接从银行贷款”的规定，进行土地抵押融资，获得巨额资金，支撑基础设施投资。由于这些基础设施贷款的背后是以政府信用为保障的，城市基础设施投资对金融的过度依赖加大了政府的财政风险。另一方面，通过银行信贷，形成地方政府向房地产企业供地——房地产企业向居民个人供房和居民个人向房地产企业购房——房地产企业向地方政府购地两条完整的土地和资金供应链。通过银行的杠杆作用，促成了房地产业的繁荣发展，而实体经济相对滞后。一旦土地财政出现异常波动，将通过银行杠杆将危机大幅放大，引发金融动荡。

二　长期土地财政对经济增长的不确定性影响

土地财政产生于中国经济转轨的特定阶段，其核心是土地价格“剪刀差”，只是价格差额被地方政府所征收。在这一过程中农地所有者将自己终身财富的一部分以土地出让金的形式交给地方政府。政府将所得收益进行基础设施建设，完成财富的再分配。土地经营模式，增加了地方政府的财政收入，通过所获取的土地出让收益，许多城市完成了最初的资本积累。然而，由于土地资源有限，在长期内土地财政必然不可持续，其等价于提前预收了数十年后的公共财政收入，来增加地方政府当期的公共支出。因此，对于土地财政对长期经济增长作用效果的分析，可以将土地财政近似等价于政府公共支出。

目前，研究政府公共支出对经济增长影响的模型主要有新古典经济增长模型和内生增长模型两类。由于新古典经济增长模型中的稳态增长是来自外生要素，政府公共支出只能影响向稳态过渡阶段的增长率。因此，在新古典经济增长模型的框架下，政府公共支出虽然是决定产出水平的重要因素，但却几乎不能影响长期增长率。而在内生增长模型中却能将政府公共支出的影响转变为一种长期效应，因此将土地财政置入内生增长模型中来分析其对经济增长的长期影响更具意义。

Barro（1990）将政府公共支出引入内生增长模型，研究认为适当的公共支出有利于经济增长，但在其模型中未对政府支出进行分类分析。Zou 等（1996）将政府公共支出分为生产性政府支出和非生产性政府支出，研究了两种支出的不同组合对经济长期增长率的影响。Zou 等模型是分析土地财政对经济增长长期影响的合适模型。这样做有两个原因：一是土地财政已内生于经济增长，这已得到众多学者的一致认同；二是土地财政主要被用于进行城市基础设施建设，使其可与传统财政支出相区分。

通过分析 Zou 等认为，在政府支出总额和生产技术既定时，每种政府支出存在最优的比重，如果小于这个比重，则增加这种支出会提高稳态增长率；反之，如果所占比重太大，增加这种支出反而会降低稳态增长率。即使是具有很高生产力的政府支出，如果它的初始比例已经很高，继续向这种支出倾斜而牺牲其他有益的政府支出，结果也非但不能提高增长率，反而损害增长。用 C—D 生产函数进行的推导也得到了含义相同的结论，只有当政府支出的生产率大于收入取得成本时，政府规模的扩张才会提高稳态的增长率。

目前，部分国内学者对生产性支出对中国经济增长的影响进行了实证研究，研究结论并不一致。其中，严成樑和龚六堂（2009）运用1997—2007年中国31省（市、区）的数据，通过面板模型，考察生产性公共支出对经济增长的影响，研究发现中国生产性公共支出并不一定总能促进经济增长。廖楚晖和余可（2006）运用面板数据分析方法对1995—2004年中国31个省（市、区）的财政支出结构与经济增长关系的实证分析表明地方财政支出与地区短期和长期的经济增长有密切关系，而其中一些地方生产性支出对长期经济增长并不具有促进作用。这些研究从另一个角度证实了本节的论断。

这一结论使我们不得不反思把大规模的土地财政资金投资于诸如公路、铁路、桥梁、电网、通信设备等基础设施是否能够对长期经济增长产生促进作用。正所谓“过犹不及”，过度的倾斜并不利于经济长期增长，要保持经济持续增长必须做到“软”“硬”兼具。考虑到土地财政对经济增长可能带来的长期影响，应适当控制土地财政规模，不断优化土地财政支出结构。

第三节　土地财政与地区经济增长相关性分析

现阶段土地财政已内生于中国经济增长，成为中国经济增长难以割舍的重要部分。本节基于1995—2010年中国31个省（区、市）的面板数据，采用面板VAR模型对中国各地区经济增长、土地财政和城市化率三者之间的相关性进行实证分析，并通过脉冲响应分析和方差分解分析对各变量间的长短期影响及影响程度进行检验。

一　指标选取与数据说明

为了研究各地区经济增长与土地财政之间的相互关系，本节选取了 1995—2010 年中国 31 个省（市、区）的 GDP、土地出让金收入（LF）和城市化率（U）三个指标，其中将重庆市数据划入四川省进行分析，数据来源于各年《中国统计年鉴》及中经网统计数据库。此外，为尽可能消除各地区价格差异造成的 GDP 和土地出让金（LF）差异，分别用各地区的 CPI 指数对指标进行了调整。为了消除量纲的影响，对各地区 GDP 和土地出让金收入取对数进行分析，即分别取 lnGDP 和 lnLF 来分析地区经济增长和土地财政收入的关系。

二　VAR 模型的构建与估计

本节在对中国各地区经济增长、土地财政和城市化率三变量两两进行格兰杰因果检验的前提下，构建面板向量自回归模型研究三者之间的相互影响。

（一）格兰杰因果检验

1. 平稳性检验

对非平稳序列直接回归，通常会产生虚假回归的严重后果。因此，进行格兰杰因果检验之前，需对样本数据进行平稳性检验。面板数据单位根检验方法包括相同根和不同根两种，前者有 LLC 检验和 Breitung 检验，后者有哈德里（Hadri）、Fisher - ADF 检验、IPS 检验等。本节分别选用 LLC 检验和 IPS 检验对各地区 lnGDP、土地出让金收入和城市化率进行单位根检验。表 3 - 1 中 LLC 检验和 IPS 检验结果显示：各地区 lnGDP 一阶差分是非平稳的，二阶差分在 15% 的水平下显著平稳；各地区 lnLF 一阶差分和二阶差分都在 1% 的水平下显著平稳；LLC 检验显示城市化率一阶差分和二阶差分均是平稳序列，而 IPS 检验未通过，由于各地区城市化水平存在地区差异且基本呈单调递增趋势，可以认为城市化率也是平稳的。因此，下文格兰杰检验模型和面板 VAR 模型均构建了滞后二阶的模型。

表 3 - 1　　单位根检验结果

检验方法	统计量	lnGDP (1)	lnGDP (2)	lnLF (1)	lnLF (2)	U (1)	U (2)
LLC 检验	t - value	-5.011	-7.7	-12.27	-11.21	-7.755	-6.711
	t - star	-0.74631	-3.49603	-5.341	-3.013	-3.62616	-1.834
	p 值	0.2277	0.000***	0.000***	0.001***	0.000***	0.03**
IPS 检验	t - 值	1.64	-1.189	-4.554	-3.449	-0.48	-1.043
	t - 临界值	-1.23	-1.642	-2.311	-2.048	-1.502	2.141
	p 值	0.949	0.117*	0.000***	0.000***	0.316	0.984

注：***、**、*分别表示 1%、5% 和 10% 的显著水平；下同。

2. 格兰杰因果检验模型与结果

本节采用 Hoffmann（2005）提出的面板数据格兰杰因果检验思路。以 lnGDP 和 lnLF 二者为例，格兰杰因果检验模型可表示为：

$$\ln GDP_{s,t} = \alpha_{s0} + \sum_{k=1}^{p} \beta_{so}^{(k)} \ln GDP_{s,t-k} + \sum_{k=1}^{p} \gamma_{s0}^{(k)} LF_{s,t-k} + \varepsilon_{s0,t} \quad (3-1)$$

$$LF_{s,t} = \alpha_{s1} + \sum_{k=1}^{p} \beta_{s1}^{(k)} LF_{s,t-k} + \sum_{k=1}^{p} \gamma_{s1}^{(k)} \ln GDP_{s,t-k} + \delta_{s0,t} \quad (3-2)$$

式（3－1）和式（3－2）中：$s=1, 2, \cdots, S$；$t=1, 2, \cdots, T$；α_{s0}，α_{s1}表示截距项；$\beta_{s0}^{(k)}$，$\gamma_{s0}^{(k)}\beta_{s1}^{(k)}$，$\gamma_{s1}^{(k)}$表示系数项，$\varepsilon_{s0,t}$，$\delta_{s0,t}$是服从标准正态分布的随机误差项。通过对式（3－1）、式（3－2）进行回归检验，若回归系数$\gamma_{s0}^{(k)}$存在显著不为0的实数，则说明土地财政收入是经济增长的原因；若回归系数$\gamma_{s1}^{(k)}$存在显著不为0的实数，则说明经济增长是土地财政收入的原因；若回归系数$\gamma_{s0}^{(k)}$，$\gamma_{s1}^{(k)}$都存在显著不为0的实数，则说明经济增长与土地财政之间存在相互影响的关系。三变量两两之间格兰杰检验结果见表3－2、表3－3和表3－4。表3－2中格兰杰检验结果表明土地财政与经济增长互为格兰杰因果；表3－3中格兰杰检验结果显示经济增长与城市化率也互为格兰杰因果；表3－4中格兰杰检验结果显示土地财政与城市化率也互为格兰杰因果，二者之间存在显著的相互影响的关系。

表3－2　　　　土地财政与经济增长的格兰杰检验结果

原假设	lnGDP1	lnGDP2	lnLF1	lnLF1	结论
土地财政不是经济增长的格兰杰原因	1.143*** (23.3)	－0.166*** (－3.42)	0.017*** (7.35)	0.224 (－0.25)	拒绝原假设
经济增长不是土地财政的格兰杰原因	3.42** (2.60)	－2.08* (－1.6)	0.63*** (10.4)	－0.11** (－1.75)	拒绝原假设

注：回归系数括号内的数为t值。

表 3－3　　　　　经济增长与城市化的格兰杰检验结果

原假设	lnGDP1	lnGDP2	U1	U2	结论
城市化不是经济增长的格兰杰原因	1.26*** (25.9)	－0.233*** (－4.6)	0.087*** (1.62)	0.113*** (－3.45)	拒绝原假设
经济增长不是城市化的格兰杰原因	－0.078** (－1.74)	0.1** (2.14)	1.308*** (26.1)	－0.479** (－9.65)	拒绝原假设

注：回归系数括号内的数为 t 值。

表 3－4　　　　　土地财政与城市化的格兰杰检验结果

原假设	lnLF1	lnLF2	U1	U2	结论
城市化不是土地财政的格兰杰原因	0.81*** (14.5)	0.073 (1.27)	2.38** (1.7)	－1.78 (－1.28)	拒绝原假设
土地财政不是城市化的格兰杰原因	0.0017 (0.83)	0.003* (1.48)	1.318*** (26.13)	－0.476*** (－9.5)	拒绝原假设

注：回归系数括号内的数为 t 值。

（二）面板 VAR 模型构建

通过上文对中国各地区经济增长、土地财政和城市化率进行的格兰杰因果检验，表明三者两两之间互为因果、互相影响，因此构建常规的回归模型将三者分别作为因变量和自变量并不能充分说明三者之间的相互关系。向量自回归模型（VAR）是一种将所有变量均视为内生变量，研究各变量之间相关性的模型，并能通过脉冲响应函数分析各变量的变动对其他变量的冲击强度和影响时效，通过系统方差分解来分析模型各内生变量的相对重要性。

面板 VAR 模型结合了面板分析和动态滞后模型的特点，一方面解决了时间序列 VAR 数据不足和多重共线性的问题，另一方面控制了样本客观差异（区位、环境、资源禀赋等），这种消除变量滞后值与随机误差项相关性的 Helmert 过程具有良好的统计特性。模型具体形式如下所示：

与时间序列 VAR 模型不同，面板 VAR 模型中内生变量矩阵 $X_{s,t}$ 要与变量的相关矩阵 K_0 相乘。其中，$X_{s,t}$（$\ln GDP_{s,t}$，$\ln LF_{s,t}$，$U_{s,t}$）′是内生变量矩阵，$X_{s,t-j}$ 是滞后 j 期的内生变量矩阵；K_j 是内生变量滞后 j 期的估计矩阵；A_S 是常数项矩阵，代表了各省间的差异；$\delta_{i,t}$ 是模型设定的截面变量，用来避免横截面数据可能存在的相关性；$\varepsilon_{i,t}$ 是随机误差项。

（三）模型估计与检验

1. 模型估计

本节通过 Stata12.0 软件，使用世界银行金融研究部 Lnessa Love 博士编写的 pvar. ado 程序，采用 GMM 估计了面板 VAR 模型各参数的值（估计结果见表 3－5、表 3－6、表 3－7）。

表 3－5　　面板 VAR 模型估计结果（1）

lnGDP	bGMM	seGMM	tGMM
L. lngdp	－0. 1025	0. 5940	－0. 1726
L. lnlf	0. 0789	0. 0245	3. 2180
L. u	0. 1453	0. 1338	1. 0861
L2. lngdp	0. 5909	0. 4372	1. 3515
L2. lnlf	0. 0406	0. 0186	2. 1808
L2. u	－0. 2323	0. 0744	－3. 1203

表 3－6　　　　面板 VAR 模型估计结果（2）

lnLF	bGMM	seGMM	tGMM
L. lngdp	1. 5831	4. 2733	0. 37045
L. lnlf	0. 7788	0. 1944	4. 0054
L. u	1. 4999	1. 2559	1. 1944
L2. lngdp	－1. 3085	3. 1347	－0. 4174
L2. lnlf	0. 0559	0. 1384	0. 4041
L2. h_ u	－1. 4454	0. 7071	－2. 0443

表 3－7　　　　面板 VAR 模型估计结果（3）

U	bGMM	seGMM	tGMM
L. lngdp	－0. 2899	0. 1449	－2. 001
L. lnlf	0. 0104	0. 006	1. 7251
L. u	1. 3621	0. 1201	11. 349
L2. lngdp	0. 2165	0. 1054	2. 0544
L2. lnlf	0. 0091	0. 0048	1. 9021
L2. u	－0. 494	0. 1136	－4. 3472

从各地区 GDP 对数回归结果可以得出，滞后 1 期和 2 期的土地出让金收入的对数（lnLF）在 1% 的显著性水平下都是显著的，表明土地财政收入的增加的确能促进各地区生产总值的增加；滞后 1 期城市化率回归系数为正且不显著，但滞后 2 期城市化率回归系数显著为负值，这说明各地区城市化进程的加快短期内并不一定促进该地区经济的增长。

从各地区土地财政收入对数（lnLF）的 GMM 估计结果可以看出，滞后 1 期和 2 期的各地区 GDP 均不显著，说明各地区 GDP 的增长并没有带来土地财政收入的增加，因为土地作为一种数量有限的稀缺资源，使用量增加的同时伴随着存量的减少，另外中国对建筑用地审批及使用的严格管理和对农业用地的大力保护，也减少了各地方政府出让土地的数量，因此中国各地区土地出让金收入并不一定随着各地区经济的增长而增加；滞后 1 期城市化率回归系数为正且不显著，但滞后 2 期城市化率回归系数显著为负值，这说明各地区城市化水平的提高短期对土地财政收入的影响不大，主要是由于每年建筑用地的增量相比于地区总面积是微乎其微的。

各地区城市化率（U）的 GMM 估计结果显示。滞后 1 期和 2 期的各地区变量都是显著的，表明各地区经济的发展或土地出让金收入的增加都能明显推进其城市化进程。

2. 模型稳定性检验

只有稳定的面板 VAR 模型才能进一步对其进行脉冲响应分析和方差分解，因为在稳定的 PVAR 系统中某一方程随机扰动项所产生的变化，对自身或其他方程的冲击才会随时间的发展而消退。我们可以通过计算 PVAR 模型特征方程的特征值，判断特征值是否在单位圆内，分析 PVAR 模型的稳定性。本书 PVAR 模型的非零特征值有 0.895 和 -0.364，都明显小于 1，说明该模型满足稳定性的要求。

三　方差分解

方差分解（ANOVA）是一种基于均方误差贡献率的解释方法，通过将系统的预测均方误差分解成系统中各自变量冲击所做的贡献。方差分解的主要思想是把系统中的各内生变量的波动按照其成因分解为与各方程信息相关联的组成部分，从而达到对各信息对模型内生变量的相对重要性的了解。本节参考相关文献的分析，认为 10 期是短期，20 期和 30 期都是长期。表 3 - 8 列出了本节三个自变量的长短期方差分解结果。

表 3 - 8　　变量方差分解

变量	期数	lnGDP	lnLF	U
经济增长方差分解（lnGDP）	10	0.2474	0.7519	0.0007
	20	0.2025	0.7965	0.0010
	30	0.1934	0.8004	0.0012
土地出让金收入方差分解（lnLF）	10	0.0967	0.9000	0.0033
	20	0.0937	0.9029	0.0034
	30	0.0935	0.9031	0.0035
城市化率方差分解（U）	10	0.0499	0.0491	0.9010
	20	0.0524	0.0816	0.8660
	30	0.0526	0.0882	0.8592

对于各地区经济的波动而言，土地出让金收入的贡献率最高，短期内解释力约 75%，而长期解释力增加至 80% 左右，这是由于土地出让后为完成地上建设进行的一系列投资对经济增长拉动作用更大；在短期内由各地区经济自身引起的经济波动约 25%，而长期内这一比例降低至 20% 左右；城市化率的波动对各地区经济波动的解释力相对较低，短期和长期解释力度都在 1% 左右。

对各地区土地出让金收入波动而言，其自身的波动解释贡献率最高，长期和短期均达到 90% 以上，这与 PVAR 回归结果及脉冲响应分析结果相符；而土地出让金收入另外 10% 的波动贡献率几乎可全归因于经济波动，城市化率对各地区土地出让金收入的影响只有 0.3% 左右，足以忽略不计。

在导致城市化率波动的各因素中，城市化率本身解释了其短期内90%的波动，长期内解释力度下降了约4%；与城市化率解释力变化相反，土地出让金收入对城市化率波动的长期解释力度高于短期，这主要是由于从土地出让到完成地上建设需要较长时间；此外，各地区经济波动对城市化率的长短期解释力均在5%左右。

本章首先对土地财政的收支结构进行了分析。从收入构成来看，土地财政涉及内容广泛，既涉及地方政府的预算内收入又涉及地方政府的预算外收入；土地财政收入构成复杂，既有一次性收取的土地出让金、耕地占用税等，又包含土地增值税和土地使用税等；土地财政与地方政府具有天然的密切联系，具有明显的偏向性。从支出安排来看，中央政府对地方政府在土地财政支出安排方面，从投向到支出程序都已经做出了较多的规定。但地方政府往往并非严格按照规定进行支出安排，而是基于自身效用的最大化安排土地财政支出，土地财政对经济增长的影响变得更加复杂。在现行以土地出让金为主要构成的土地财政模式下，作为地方政府的一种短期行为，短期内由于其对经济周期的依存度很高，会伴随经济周期的波动和宏观政策的变化，产生大幅震荡，并反作用于经济增长。长期内由于其不可持续性和城市偏向性会导致经济结构的扭曲。基于中国省级数据的面板VAR的分析也表明，土地财政在中国经济增长与城市化过程中发挥着重要作用。同时，土地财政的不稳定也会对经济增长产生影响，给未来中国经济能否实现持续稳定增长带来较大不确定性。

第四章

土地财政的经济结构效应：城市偏向与异质影响

城市化是土地财政产生的大背景，目前国内学者对此已有较多论述，在此我们并不想展开讨论。在中国式转轨进程中，政府发挥了主导性作用。政府对改革节奏的掌控及其对改革政策的选择主导着中国经济的发展方向。而城市偏向的发展政策在带来经济快速增长的同时，也成为导致当前经济发展日趋失衡的主要原因。而土地财政对中国经济发展失衡的推波助澜，也是其广为诟病的主要原因。

第一节　城市偏向、土地财政与城乡收入差距

一　城市偏向与城乡收入差距分析

学术界对中国的城乡收入差距问题的分析已持续多年，且取得了丰富的研究成果，如蔡昉、杨涛（2000），杨天宇（2001），D. Gale Johnson（2002），苏雪串（2002），陆铭、

陈钊（2004），郭剑雄（2005），姚耀军（2005），张立军、湛泳（2006），赵红军、孙楚仁（2008），王少平、欧阳志刚（2008），田新民等（2009），孙宁华等（2009），陈斌开等（2010），丁志国等（2011），王修华、邱兆祥（2011），雷根强、蔡翔（2012），陈斌开、林毅夫（2013）。这些研究多数从不同视角对城乡收入差距的影响因素、产生原因及应对策略进行了分析，如城乡差距与金融发展、对外贸易、城市化、工业化及制度变迁的关系等。

综合这些文献可以发现，导致城乡收入差距不断扩大的众多原因大多具有城市偏向的特征。部分学者还就城市偏向与城乡收入差距问题进行了深入分析。蔡昉、杨涛（2000）研究指出，改革开放前，导致中国城乡收入差距的主要原因为与重工业优先战略相关的一整套城市偏向的干预政策，改革开放后，城乡收入差距变化则主要源于城市利益集团的压力以及传统经济体制遗留的制度障碍。蔡昉（2003）运用制度经济学的分析框架研究认为经济改革过程中城市居民运用其所特有的“投票”和“呼声”机制，对城乡关系政策施加影响，从而阻碍农村劳动力的永久转移，维系着城市偏向政策，农民可以通过“脚投票”来改变城市偏向政策。陆铭、陈钊（2004）运用1987—2001年的中国省级面板数据的研究表明，中国持续扩大的城乡收入差距与地方政府实施的带有城市倾向的经济政策有关。王小鲁、樊纲（2005）研究认为造成城乡收入差距持续扩大的因素包括收入再分配和社会保障、公共产品和基础设施以及制度等多种方面。王永钦等（2007）研究认为政治集权下的经济分权给地方政府提供了发展经济的动力，但是内生于这种激励结构下的相对绩效评估又造成了城乡和地区间收入差距的持续扩大。周世军、周勤（2011）研究得出，长期以来的城市偏向政策逐渐改变了中国的城乡居民收入结构，使城乡收入差距明显扩大。汪世绮、徐扬（2013）研究认为城市化总体上缩小了中国的城乡收入差距，但户籍制度、政府干预、财政支出、教育投入的城市偏向都拉大了城乡收入差距。

近年来，部分学者还对财政支出城市偏向对城乡收入差距的影响进行了专门研究。程开明（2008）研究得出固定资产投资及财政支出的城市偏向越为明显，城乡差距越大。曾国安、胡晶（2009）研究认为中国长期以来所实施的是农村居民税负偏重下的财政支出高度城市偏向，这是城乡居民收入差距不断扩大的主要原因。邓旋（2011）运用1995—2009年中国省级面板数据对财政支出规模及支出结构对城乡收入差距影响效应的实证考察，得出长期实施的财政支出“城市偏向”分配机制显著扩大了城乡收入差距。雷根强、蔡翔（2012）利用中国省级面板数据的实证分析也表明城市偏向的财政再分配政策是造成中国城乡收入差距不断扩大的重要原因。陈工、洪礼阳（2012）研究得出分权程度与城乡收入差距负相关，财政分权程度越高，则政府的生产性支出与公共产品支出越偏向于城市部门，也越容易引起城乡收入差距扩大。

综合上述研究可以发现，城市偏向政策长期存在于中国的经济发展与改革过程中。城市偏向是导致城乡收入差距不断扩大的主要原因。已有研究虽然对城市偏向、财政制度及城乡收入差距的关系也进行了分析，但对城市偏向下的土地财政与城乡收入差距的研究尚未开展。

二　土地财政的城市偏向特征

无论是改革开放之前还是改革开放之后，多数时期中国的发展政策和制度安排都具有明显的城市偏向特征。在新中国成立之初，为摆脱经济上被封锁、政治上被孤立的严峻国际形势，中国选择了重工业优先发展的增长模式。伴随经济工作重心从乡村向城市的转移，使城乡关系逐步陷入“城市—工业偏向”的非均衡状态。城市偏向政策则主要体现在价格和贸易方面。城市、工业偏向的行政干预使农村、农业的发展迟缓。期间所实施的粮食统购统销政策以及工农产品的价格“剪刀差”，更使农村、农业的发展受到抑制。改革初期，为实现经济的快速发展，中国主要采取了非均衡发展战略，鼓励一部人和地区先富起来，继续坚持了城市偏向的发展政策。近年来，面对制度环境和发展阶段的变化，城市偏向政策的形式更加多样与不易识别，其中土地财政即为城市偏向政策实现的一种新形式。

土地财政是由财政分权体制、土地二元体制与以经济增长和财政收入为主的地方政府政绩考核体制共同作用形成的（吕炜、许宏伟，2012）。土地财政的产生有效缓解了分税制改革后地方政府面临的财权与事权不匹配问题，为推动经济快速发展发挥了巨大作用。土地财政的出现除了与中国现阶段的财政体制有关，中国特殊的土地制度也是其产生的必要条件。中国现阶段的土地制度具有较强二元分割性。一方面，在土地权属上所有权与使用权分离，土地的所有权归国家或集体所有，而使用权和转让权属于不同类别的经济主体；另一方面，不同主体所拥有的土地，使用权和转让权受到不同程度的限制，农村土地与城市土地、农业用地与建设用地相分割，土地用途变更受到严格的限制，特别是对于农业用地转建设用地被地方政府所垄断。由于这种二元分割性和自然地理差异的存在，在城乡之间、不同地区之间、不同用途之间形成了三种不同类型的级差地租。这种特殊的土地制度形成了土地财政产生的土壤。

政府是城镇建设用地唯一的所有者与供给者，可通过调节其与土地相关的收入和支出用途两方面调节资源配置，引导资源流向。地方政府与土地直接相关的收入主要包括土地使用权出让金收入、土地相关的部门收费、土地增值收益、国有土地的其他收益等。其中，土地出让收入占比达 90% 以上，是现阶段土地财政收入的核心部分，已成为地方政府预算外收入的主要来源。

改革开放以来，中国地方政府以土地为基础取得财政收入的发展模式经历了两个不同的阶段。第一个阶段是 1998 年以前，为“以税代租”阶段。地方政府为招商引资，以低价甚至无偿进行土地转让，这促进了工业部门的快速发展。其间，全国土地平均价格不升反降，土地出让收入甚微。但由于有效促进了地区经济增长，提高了就业水平，来自工业企业税收的增加，提高了地方财政收入。同时，快速的工业化带动了劳动力由农村向城市转移，农业生产率也得到不断提高。第二个阶段是 1998 年至今，为“以租补税”阶段。

1994 年分税制改革后，地方政府的税收分成比例大幅下降，而城市化的快速推进使地方政府的基础设施投资支出不断增加。中央与地方的财权和事权不相匹配，促使地方政府开始增加税收以外的收入来源。与此同时，随着 20 世纪 90 年代末住房和土地市场化改革的深入，土地价格开始上涨，土地出让收入快速增长，从 1998 年的 112.99 亿元猛增至 2013 年的 4.23 万亿元①。全国土地出让总收入增长了近 24 倍，部分城市的土地出让收入甚至超过了税收收入。土地出让收入成为地方政府收入的重要来源，有力支撑了地方财政的扩张。此外，为实现政绩目标，地方政府以土地为基础还发展出了一系列促进地方基础设施建设的投融资模式。地方财政对土地出让收入的依赖程度越来越高。土地的有限性以及土地价格的不稳定性使地方财政的风险不断增加。而这种高度依赖土地出让收入的财政模式，被国内财政学者称作“土地财政”。

可以看出，虽然在改革的不同阶段，土地的作用形式有所不同，但作为地方政府经济干预的重要工具这一职能没有改变。土地财政是地方政府利用土地进行财政扩张的新形式。土地财政在收入实现和支出安排的过程中均会产生资源再配置效应，尤其是会对城乡居民产生不同影响。

首先，土地出让收入取得中的非市场化和不规范，会对城乡居民产生不同影响。土地二元制度有效维持了低成本的城市化，却导致城乡贫富差距的不断扩大。一方面，对农业

① 1998 年数据来源于 1999 年《中国国土资源年鉴》，2011 年数据来源于 2012 年《中国国土资源公报》，此处的土地出让收入未包括国有土地收益基金收入。

用地的补偿费用严重偏低。目前，各地区土地征收补偿标准虽然有所不同，但主要仍是按照被征收土地的原用途给予补偿。征收农业用地的补偿费用主要有三部分：土地补偿费、地上附着物与青苗补偿费和安置补助费。通常把土地在被征收前三年的平均年产值一定倍数作为补偿标准，最高不能超过一定倍数。这往往严重低于被征农地的市场价值。另一方面，中国农村采取的是土地集体所有制，由全体村民直接进行选举所产生的村民委员会代表村集体利益。但村委会实际产生过程中往往受到上级党委、政府的影响，不能做到真正代表村民利益行使职权。村干部常常利用职权在土地转让过程中取得非法的经纪租金，伤害农民的权益。相对来说，城镇居民比农村居民具有更强的维权意识，在土地转让过程中能够更好地保障自身权益。

其次，土地出让收入支出安排的城市偏向，同样对城乡居民产生了不同的影响，是土地财政产生财富转移和资源再分配效应的重要途径。长期以来，土地出让收入一直未被列入地方政府一般预算，而是从2007年起将土地出让及相关收入纳入政府基金预算。土地出让收入构成了地方政府基金收入的主要部分，在2010年和2011年占比分别高达87.11%和84.08%。虽然现阶段对土地出让收入已实行“收支两条线”管理，但与一般预算相比，对土地出让收入的管理要相对宽松许多。从使用范围来看，《中华人民共和国土地管理法》虽已对土地出让收入的支出范围做了明确规定，但实际中对土地出让收入的管理不规范，资金被挪用现象较为严重。2011年，国家审计署对11个省市的24个市（区、县）

在2009年和2010年两个年度的土地出让金征收、使用情况的抽查中，发现存在问题的土地出让收入金额达198.41亿元。从土地出让收入的支出构成（见表4－1）可以看出，土地出让收入支出安排具有明显的城市偏向。除征地和拆迁补偿支出外，国有土地使用权出让收入主要被用于城市建设和土地开发，相对来说用于农村基础设施建设的支出和对被征地农民的补偿支出比例较小。

表4－1　　　　国有土地使用权出让收入与支出变动

支出项目＼年份	2010	2011	2012	2013	2014
国有土地使用权出让收入（地方）安排的支出	28156.02	32984.02	28435.3	40672.98	41031.44
1. 新增建设用地有偿使用费支出	655.98	879.45	901.42	1212.94	985.04
其中：耕地开发专项支出	162.75	160.22	138.13	136.89	126.45
基本农田建设和保护支出	50.71	82.57	112.88	305.83	232.92
土地整理支出	412.23	634.27	648.85	769.36	619.72
用于地震灾后恢复重建的支出	30.29	2.39	1.56	0.86	5.95
2. 国有土地使用权出让金支出	26622.12	31052.26	26663.87	38265.6	38700.72
其中：征地和拆迁补偿支出	10206.96	14358.75	13828.92	20917.69	20281.78
土地开发支出	2479.57	5324.69	5116.04	8350.28	8952.01
城市建设支出	7621	5564.88	3049.2	3775.14	4076.29
农村基础设施建设支出	1076.53	760.45	486.19	516.5	458.50
补助被征地农民支出	457.11	689.72	520.75	852.21	856.97
土地出让业务支出	133.71	217.37	180.85	239.26	222.29
廉租住房支出	422.01	519.96	355.73	391.81	367.94
其他土地使用权出让金支出	4225.23	3616.44	3126.19	3222.71	3484.94
3. 国有土地收益基金支出	877.92	1052.31	870.01	1194.44	1345.68
其中：征地和拆迁补偿支出	527.52	681.68	576.92	842.72	917.58
土地开发支出	154.66	185.29	171.75	233.39	325.23
其他国有土地收益基金支出	195.74	185.34	121.34	118.33	102.87

注：表4－1中国有土地使用权出让收入与支出数据均来自《中国财政年鉴》中有关全国和地方政府性基金决算收支数据，自2015年起不再公布具体支出细项故未列出。

虽然说城乡差距是农村人口向城市迁移的主要吸引力，是城镇化的动因，但是加速城市化进程绝不等于主张城市偏向。那种借城市化之风把大量的人力、物力、财力都堆砌到城市，完全忽视农村中出现的各种问题的做法是不可取的，它甚至是反城市化的。2020 年 9 月，中共中央办公厅和国务院办公厅联合印发的《关于调整完善土地出让收入使用范围优先支持乡村振兴的意见》中，也提到“长期以来，土地增值收益取之于农、主要用之于城，有力推动了工业化、城镇化快速发展，但直接用于农业农村比例偏低，对农业农村发展的支持作用发挥不够”。可见，土地财政支出的城市偏向问题已受到中央层面的关注和重视。

第二节　土地财政的经济扭曲效应分析

产生于中国经济转轨特定阶段的土地财政，经过长期的发展，现在一定程度上固化于现行体制，内生于经济增长。在其融入现行体制的过程中，必然会带来原有经济结构的转变。由于土地财政自身的易波动、不规范、不可持续等特点，使其对中国经济转轨进程中的经济结构演变会产生扭曲效应。这些扭曲效应主要通过政府行为路径、资金投向及其对价格体系的影响等实现。

一　财富再分配效应分析

土地财政的财富再分配效应主要体现在两个方面。一是征地过程中产生的财富再分配。中国的城乡二元土地制度是土地财政产生的重要原因。土地的二元性决定了在农用地转作非农用地的过程中，地方政府可以用极低的征地成本取得土地。然后，通过“招拍挂”的方式，以市场价格进行转让，从中获取高额土地出让收益。这一过程相当于农地所有者将自己终身财富的一部分以土地出让金的形式交给地方政府。政府将所得收益进行基础设施建设，完成财富的再分配。二是由地价、房价上涨产生的财富再分配。在地价、房价上涨过程中的购房行为，相当于新购房者将自己终身财富的一部分以土地出让金的形式交给地方政府，用于基础设施建设，增加全体居民的福利，完成财富再分配。在购房者与已有住房者之间的再分配效应，使新购房者的效用下降，已

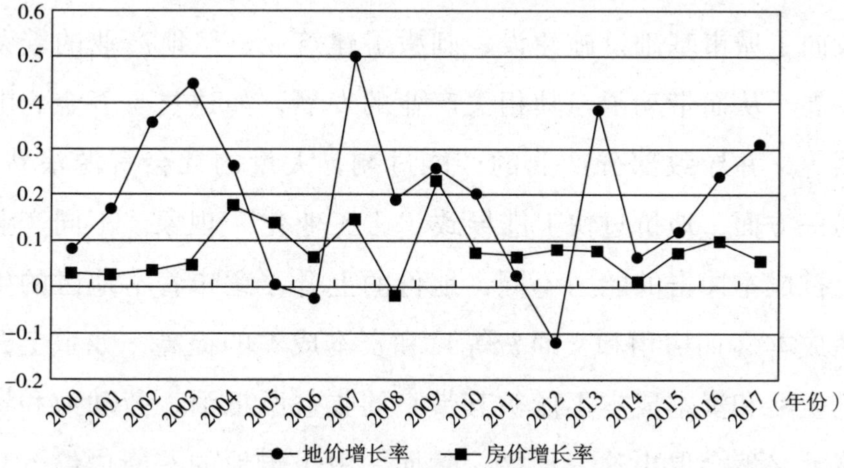

图 4－1　2000 年以来地价与房价增长率变化趋势①

① 地价数据由《中国国土资源统计年鉴》中不区分用途和转让方式的国有土地供应出让价款与国有土地供应出让土地面积计算得到，房价数据由《中国统计年鉴》中的商品房屋平均销售价格计算得到。

经有住房者的效用上升。由于这种财富再分配效应产生于土地财政自我实现的过程中，因此这种扭曲效应会在土地财政的存续期内持续进行。土地财政的财富再分配效应，一方面导致城乡之间、城市有房者与无房者之间的贫富差距进一步扩大，使城镇化成本大幅增加，制约农村社会发展；另一方面违反了社会公平原则，导致社会矛盾不断激化。

二　产业结构效应分析

土地财政会对产业结构发展产生扭曲效应，这主要是由土地价格的变动引起的。一方面，土地价格的过快上涨，导致相关产业畸形发展。土地价格的过快上涨，使地方政府掌握了大量的资金，这些资金的投向会对产业结构变动产生重要的引导作用。近年来，地方政府取得的土地出让收益大多投向了城市基础设施建设，刺激了建筑业、房地产业的繁荣发展，从而带动了与其相关产业的发展，如建材、五金、电器等，并导致部分产业的产能过剩，大量的社会资源浪费。另一方面，地价过快上涨导致“去工业化”现象。不同产业抵抗成本冲击的能力不同，地价的上升，意味着本地区的生活成本（如房租和交通费等）和资本成本的提高，如果上升的生活和资本成本不能被其带来的收益所抵消，劳动力和资本就必然会退出这一地区。然而，由于土地的垄断供给，只有具有垄断定价能力的企业才能将这种成本的上升进行转移。这使城市原有竞争性产业会因成本上升而失去竞争力，只有能够转移价格上升成本的企业得以留下。在现行土地财政模式下，土地价格的上升必然会促使产业结构去工业化。

土地财政对于产业结构的扭曲，严重阻碍了中国经济转型升级的顺利进行，且随着这种不合理产业结构的逐渐固化，将给经济的长期增长带来不利影响。同时，产业畸形发展导致的传统行业萎缩、房地产相关行业的快速发展，还降低了国内经济抵御外来冲击的能力，在与国际企业的竞争中处于不利地位。

下面使用中国 1995—2010 年 30 个地区的省级面板数据（重庆市并入四川省）考察土地价格对工业化水平的影响。分别选用各地区工业增加值与国内生产总值的比值 Y1 和第二产业贡献率 Y2 作为衡量各地区工业化程度的指标；解释变量土地价格 LP 由各地区土地出让金收入除以土地出让面积得到；为保证模型的稳定性，选取各地区人均 GDP 指标 X1、人力资本水平 X2、在岗职工平均工资水平 X3、人口密度 X4、每万人卫生机构数 X5、每万人拥有教师数 X6 作为模型的控制变量，这些指标有效衡量了各地区经济状况、收入水平、城市规模效应和集聚效应等对土地价格的影响。土地价格对工业化水平影响分析的计量模型分别设定如下:

$$Y_{1tj} = C_1 + \alpha LR_{tj} + \beta_1 X_{1tj} + \beta_2 X_{2tj} + \beta_3 X_{3tj} + \beta_4 X_{4tj} + \beta_5 X_{5tj} + \beta_6 X_{6tj} + \varepsilon_{1t} \quad (4-1)$$

$$Y_{2tj} = C_2 + \gamma LR_{tj} + \theta_1 X_{1tj} + \theta_2 X_{2tj} + \theta_3 X_{3tj} + \theta_4 X_{4tj} + \theta_5 X_{5tj} + \theta_6 X_{6tj} + \varepsilon_{2t} \quad (4-2)$$

其中，t 表示年份，j 表示各省份，ε_{1t}、ε_{2t}表示随机误差项，主要解释了工业化水平其他影响因素的作用。模型估计结果如表 4－2 所示。

表 4－2　　　　土地价格对工业化水平的影响

	Y1－RE	Y1－FE	Y2－RE	Y2－FE
LP	－0.0000183** (0.013)	－0.0000137* (0.058)	－0.0000227*** (0.001)	－0.0000178*** (0.009)
X1	－9.34e－07* (0.110)	－1.19e－06** (0.036)	－3.22e－06*** (0.000)	－3.45e－06*** (0.000)
X2	0.0077721* (0.068)	0.0025087 (0.558)	0.0078373** (0.050)	0.00392 (0.329)
X3	3.06e－07 (0.486)	7.88e－07*** (0.080)	1.73e－06*** (0.000)	2.11e－06*** (0.000)
X4	－0.0000598*** (0.001)	－0.0000969*** (0.000)	－0.0000655*** (0.000)	－0.0001013*** (0.000)
X5	0.0002193 (0.772)	－0.0000613 (0.934)	0.0014628** (0.039)	0.0011604* (0.093)
X6	0.0097929*** (0.000)	0.0101395*** (0.000)	0.0108653*** (0.000)	0.0111991*** (0.000)
C	0.2749545*** (0.000)	0.3220611*** (0.000)	0.3376858*** (0.000)	0.375331*** (0.000)
Rho 值	0.85685944	0.94588665	0.85839592	0.94725954

注：回归系数括号内的数为 t 值；***、**、* 分别表示 1%、5% 和 10% 的显著水平。

表 4－2 的估计结果表明，在固定效应和随机效应模型回归中，所选解释变量较好地解释了被解释变量的趋势，除人力资本水平 X2、每万人卫生机构数 X5 不太显著之外，土地价格、平均工资水平、人口密度等指标均与工业化水平存在显著相关关系。回归结果证明土地价格的上涨确实会导致“去工业化”现象。在工业增加值占 GDP 比例的回归中，固定效应回归中土地价格系数在 10% 的水平下显著为负值，随机效应回归中土地价格系数在 5% 的水平下显著为负值，表明工业增加值占 GDP 的比重会随着土地价格的上涨而显著下

降，且各地区每公顷土地价格每上涨一万元，工业增加值占GDP的比重大约下降0.137—0.183个百分点；在第二产业对GDP贡献率的回归中，固定效应和随机效应回归中土地价格的系数都在1%的水平下显著为负值，表明第二产业在国民经济中的比重也随着土地价格的上涨而显著下降。

三　资源配置效应分析

土地财政会强化政府对市场的干预行为，造成资源配置的误配与低效。市场经济的基本特点是依靠自发的市场秩序来配置资源、组织生产。在土地出让金制度下，政府作为土地一级市场的供应者完全垄断土地供应，对土地资源配置进行干预，导致土地市场行政管制过多。另外，地方政府将大量的土地出让金投入生产性领域，利用政府投资拉动和扩大本地投资规模，提高地区经济增长速度，这种财政政策构成和经济发展模式仍带有浓重的计划经济色彩，有悖于中国政府及其收支活动向现代政府和公共财政的转型。对资源配置的扭曲会导致中国社会生产效率的下降。一方面，使土地资源配置的效率低下，无法实现市场经济条件下的效益最大化。另一方面，随着土地财政规模的扩大，地方政府对现行体制产生了强烈的路径依赖，使其市场干预行为不断得到强化，政府与市场的界限日益模糊。如果不采取强有力措施加以约束和控制，甚至会导致中国推进多年的市场改革发生退步。

四　住房供求效应分析

土地财政对房地产市场供求关系会产生直接影响。土地财政对住房价格的影响已经被许多学者所证实。周彬、杜两省（2010）通过构造一般均衡模型发现，土地财政必然推动房价持续上涨，从而降低居民个人的效用并引起社会公众的不满；房价越高，地方政府的效用就越大，因而地方政府具有推动房价上升的内在激励。郑思齐和师展（2010）实证研究表明，在控制其他因素的情况下，越依赖土地财政的城市，以及通过低价出让工业用地进行招商引资力度越强的城市，居住用地供给的受限程度越高，居住用地价格上涨的压力也越大。在经济较发达地区，高地价推动着房价一轮又一轮地上涨。地方政府为获得更多的土地收益，倾向于抬高地价和推动房价上涨。因为一旦土地开发商预期房价会提高，就愿意以更高的价格来购买土地。而且房价越涨越有更多的消费者预期看涨而入市抢购；抢购又促进房价进一步上涨，结果造成地价、房价呈螺旋式相互推动上涨，地方政府获得了更多的地价收益。近几年来，中国部分地区房价持续攀升并不是由正常供求失衡引起，而是存在大量泡沫成分。泡沫主要来自人民币升值预期、房价看涨预期和人为制造土地短缺假象，诱导消费者进入非理性购房状况。地方政府对房地产的深层次介入影响人们的投资、投机行为和购房心理，是推动房价持续上涨的根源所在。

通过对住房价格和政府行为的影响，土地财政的扭曲效应得到进一步加强。一方面，使地方政府的“经济人”角色不断强化。地方政府在房地产市场中的土地垄断地位和其追求预算最大化、增加可支配财力以发展经济的行为动机，使其在不公平的土地交易中成为最大的获利者，且对土地财政形成极强的依赖性。因此在房价出现波动时，地方政府会存在“救市”冲动。另一方面，地方政府隶属下的大中型国有企业对房地产开发的参与，并没有成为房地产市场上的稳定力量，相反其往往用其垄断能力掌控定价权，甚至主导房地产供求关系。此外，房价上涨所带来的投机行为使房地产市场的供求关系进一步恶化，房地产企业与其他行业企业的发展争夺资源，挤压其他国计民生行业的资源配置、金融支持和发展空间。

虽然在短期内土地财政有助于增加地方政府收支促进了经济增长，但在长期内土地财政却对中国经济结构产生了诸多的扭曲效应。这些扭曲效应在长期内会阻碍中国经济社会的持续稳定发展，影响中国转轨进程中的路径选择。

第三节　城市偏向与土地财政的城乡消费异质效应

自20世纪90年代中期开始，需求结构失衡成为中国经济发展转型过程中的突出问题。一方面，消费支出在国民收入中的比例不断下降。居民消费率从1996年的45.8%下降到2010年的34.9%、2011年的35.4%，不仅低于国内20世纪80年代和90年代的平均水平，且远低于国际平均水平。另一方面，农村居民消费在最终消费中的比重持续下降，从1996年的31.7%下降到了2011年的16.4%；而政府消费在最终消费中的比重不断上升，从1996年的22.7%上升到

2011 年的 27.8%[①]。1998 年以来，土地出让收入在地方财政收入中占比的快速提高被认为是政府支出持续扩张的重要支撑。

在中国经济转轨进程中，土地财政的扩张与消费结构日趋失衡几乎是同时发生的。土地财政为地方政府基础设施投资提供了资金支持，推动了地区经济增长，但伴随土地城市化的快速推进，土地财政模式产生的资源扭曲效应也日益显现。居民消费支出反映了居民生活质量的高低，应是经济增长的主要驱动力，而财政支出应限制在为居民提供必需的公共物品或服务，实现宏观经济调控目标。但在中国经济发展转型过程中，财政支出已成为政府驱动经济增长，实现自身扩张的主要手段。

为了实现经济跨越式增长的目标，在税收等预算内收入受到较多约束的条件下，地方政府只有通过土地出让金等预算外收入来满足不断增加的财政支出。这一过程主要从两个方面对居民消费产生影响。一方面，在二元土地制度下，较低的农业用地补偿和不断上涨的地价，在保证了土地出让收入快速增加的同时，扩大了城乡贫富差距，而贫富差距的不断扩大制约了中国居民消费的持续增长（杭斌、申春兰，2004；杨汝岱、朱诗娥，2007；马骊、孙敬水，2008；吴振球等，2010）；另一方面，当前土地出让收入主要被用于与城市相关的各项支出，其中大部分被用于基础设施建设，这种城市偏向的支出政策对城乡居民的消费水平也会产生不同影响。

---

① 《中国统计年鉴（2012）》。

显然，土地财政扩张对城乡居民消费产生了不容忽视的影响。中国长期存在的城乡多重二元体制，制约了农村经济社会的发展，使城乡居民之间形成了不同特点的消费模式、偏好和习惯。作为这种多重二元体制的产物，土地财政对城乡居民消费的影响必然有所差异。随着土地财政扩张，其对中国经济发展的影响也日益加深，因此有必要对土地财政对城乡居民消费的异质性影响进行深入分析。这不仅有助于进一步理解制约中国消费增长的主要因素，而且可为进一步完善财政收支结构，不断扩大居民消费，提供政策参考。

一　土地财政与城乡二元消费结构“固化”

城市偏向的土地出让收入和支出结构，促进了城市的基础设施建设，推动了城市化和经济增长，但却拉大了城乡收入和公共服务差距。而基于城乡二元户籍制度的收入分配和公共服务提供使这种差距进一步固化。长期的非均衡发展抑制了农村居民的收入和消费增长，使城乡之间消费结构异化，最终形成城乡二元消费结构。中国现阶段出现的居民消费需求不足与结构失衡，其根源在于转轨进程中长期存在的城乡二元结构矛盾。在这种多重二元结构下，农村居民的消费需求受到制约，且明显低于城市居民。

收入水平是影响居民消费的首要因素，而城乡二元结构下的土地财政所导致的城乡收入差距扩大，制约了低收入者消费水平的提高。根据国家统计局数据，在2003—2010 年全国居民基尼系数始终保持在 0. 47—0. 5 的高位波动，而国际上一般认为超过 0. 4 即表明收入差距较大。中国居民收入差距不断扩大已成既定事实，而城乡差距不断拉大是导致总体差距扩大的主要原因（胡志军等，2011）。自 1998—2010 年，城镇家庭平均每人可支配收入与农村家庭人均纯收入之比快速攀升，1998 年为 2.47 倍，而到 2009 年升至 3.33 倍，近年才开始有所下降。城市偏向的非均衡经济发展战略以及这种战略下的各种城市偏向的制度与政策选择是城乡收入差距不断扩大的根源。在这种政策体系下，财政用于农村居民的支出要远低于城市居民。土地财政正是1998 年以来，城市偏向政策得以实现的主要手段。

从消费构成来看，城乡居民恩格尔系数的差异变化表明（见图 4－2），近年来虽然中国城乡居民消费构成的差异有所

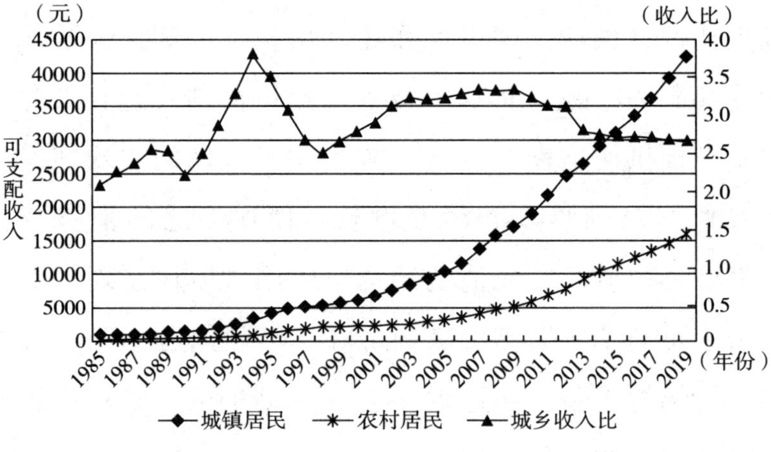

图 4－2　城镇居民和农村居民可支配收入之比变化趋势①

① 1985—2012 年所用数据为《中国统计年鉴》中城镇居民平均每人可支配收入与农村居民年纯收入之比，2013—2019 年为城镇居民人均可支配收入与农村居民人均可支配收入之比。

缩小，但农村家庭用于食品的消费支出比例仍要远高于城镇家庭，农村居民消费具有较大的提升潜力。在2008年前后城乡家庭的恩格尔系数差异发生了显著性变化，这是由于在2008年国际金融危机爆发后，所采取的扩大内需政策对农村家庭消费的刺激作用较为明显。

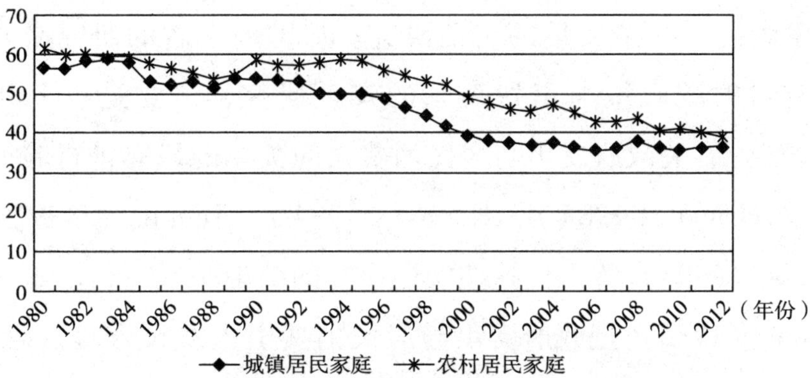

图4－3　改革开放以来中国城镇家庭与农村家庭恩格尔系数变化

土地财政加剧了城乡居民贫富差距，使城乡居民消费差异不断扩大，城乡居民之间产生消费断层，阻碍城乡消费链条的平稳过渡，最终形成城乡两种不同的消费市场，对消费总需求的扩张形成较强的阻力，进而加剧消费结构失衡。而城市偏向的财政支出与城乡二元的户籍制度使城镇居民能够享有排他性的、优于农村居民的教育、就业、住房和医疗等福利保障制度，增加了农民工在城市的生存成本，制约了农村人口向城市的流动，使城乡间的二元消费结构进一步固化。近年来，中央政府为缩小城乡差距不断对原有制度进行调整，但城市偏向的发展战略并没有从根本上被打破，土地财政问题也亟须解决。

二　基于中国省级面板数据的实证分析

目前，对土地财政与居民消费之间关系进行的专门研究很少。上文的分析表明土地财政可以被看作一种具有城市偏向的政府收支政策。对于财政政策对居民消费的影响，国内外学者已开展了大量的实证研究。从国外学者的研究来看，已有对财政政策与消费关系的实证研究，主要是对 Bailey（1971）有关政府支出与居民消费之间关系的研究进行验证，如 Aschauer（1985）、Karras（1994）、Brunila（1997）、Okubo（2003）等。但这些实证研究的结论并不一致，如 Aschauer（1985）把政府支出与居民消费引入欧拉方程，研究得出两者之间存在替代关系；而 Karras（1994）运用同样的方法却得出政府支出与居民消费之间互补或无关的结论。

从国内的实证研究文献来看，目前国内对财政政策与居民消费关系的研究尚不完善。李广众（2005）、潘彬等（2006）、储德银和闫伟（2009）等借鉴 Bailey（1971）的方法考察了中国政府支出与居民消费之间的关系，但分析过程中没有对消费者的预算约束变化的影响进行考虑。李永友和丛树海（2006）虽然把预算约束变化考虑进了消费者的最优决策中，但其对消费者效用函数的形式假设较为严格。此外，苑德宇等（2010）运用省级面板数据的实证研究表明不同类别的财政支出对居民消费的作用会有所不同，在不同地区同类财政支出的居民消费效应存在差异；胡永刚、郭新强（2012）通过构建政府生产性支出内生增长模型，得出两者是替代还是互补关系取决于其对居民收入和消费影响效应的大小，以及政府的生产性支出比重与总体税负水平。综上可见，现有研究较少考察政府支出对城乡居民消费的差异性影响，而且尚未有学者对土地财政相关的收入与支出与城乡居民消费的关系进行实证考察。

本节实证模型借鉴 Muellbauer 和 Lattimore（1995）所构建的对数消费模型，对土地财政对居民消费的影响进行分析。虽然与一般预算支出同为政府支出的主要内容，但土地出让收入安排的支出与一般预算支出有显著的区别。首先，从资金来源上，土地出让收入具有显著的“租”的性质；而地方政府一般预算支出的资金来源主要为税收和转移支付，相对来说这种高额“租金”本身就是一种资源的再分配，拉大了贫富差距。其次，从支出构成来看，土地出方收入在除去土地拆迁补偿和相关成本外，主要被用于城市基础设施投资，从总体上看以经济性支出为主，具有更显著的经济增长导向；而一般预算支出受到更严格的预算约束，主要被用于公共服务的提供，具有更加突出的社会性支出的特征。从某种程度上二者可以被认为是具有显著不同的两种类别的政府支出。因此可以将对土地财政的分析理解为对政府“经济性支出”对城乡居民消费的异质性影响的分析。显然，用该模型进行分析是合适的。此外，无论是作为预算外支出的土地出让收入支出还是财政一般预算支出，都具有一定的公共属性，而非对居民私人消费的简单替代。采用这一模型形式不但可以有效规避模型估计过程中的内生性问题，还能对因遗漏变量所引起的估计有偏问题进行修正。由此，将本节的实证分析模型设定为：

$$\ln C_t = \alpha_0 + \alpha_1 \ln G_t + \alpha_2 \ln Y_t + \varepsilon_t \tag{4-3}$$

其中，C_t为 t 期的居民消费，G_t 是 t 期的政府支出，Y_t 是 t 期的居民收入，ε_t 是扰动项。

本节实证分析采用 1998—2010 年全国 31 个省、市、自治区的年度面板数据。居民消费（C）分别为全体居民人均消费性支出（CT）、城镇家庭人均消费性支出（CU）和农村家庭人均消费性支出（CR）；居民可支配收入（Y）分别为全体居民人均收入（INT）、城镇家庭人均可支配收入（INU）和农村家庭人均纯收入（INR）；把政府支出（G）分为人均财政支出（FIN）和人均土地出让收入支出（T），分别为地方财政决算支出和土地出让收入[①]除以当年平均人口数。全国全体居民、城镇居民及农村居民的消费、收入、人口数和财政支出数据均来源于中经网统计数据库。土地出让收入数据来源于历年《中国国土资源年鉴》中的国有建设用地出让成交价款。全体居民人均收入由城镇居民可支配收入与农村居民人均纯收入，以人口权数加权计算得到；全体居民人均消费性支出为城乡居民人均消费性支出以人口数为权数加权计算所得。所有数据均以 1998 年为基期进行价格平减[②]。

通常情况下，对省级面板数据往往选择固定效应模型进

---

① 地方政府与土地相关的收入不仅包括土地出让收入，还包括与土地相关的其他税费，其中土地出让收入是其中的主要部分，最能反映土地财政的变动与影响。由于各地区土地出让收入支出数据的不可得性，本节分析假定当期的土地出让收入全部被安排支出，且不存在剩余和透支。

② 由于没有四个直辖市的城镇与农村分类居民消费价格指数，因此统一用居民消费价格指数进行代替。

行估计，为确认模型的有效性，本节采用 Hausman 检验进行了验证。使用 Stata12.0 软件对模型进行拟合。根据检验结果（见表 4－3），选择固定效应面板模型进行实证分析是非常合适的。

回归结果如表 4－3 所示。结果显示，土地财政和政府一般预算支出对城镇居民和农村居民的影响存在显著的差异。从人均数据来看，土地财政对城镇居民和全体居民的人均消费均产生了显著的挤入效应，而对农村居民的影响并不显著，且其系数符号为负。这佐证了现阶段土地财政对城乡居民消费存在异质性影响的判断。土地财政对全体居民人均消费的正向影响，是现阶段土地财政支出不断扩张的理论依据。事实表明通过扩大土地财政支出，在短期内对于刺激居民总需求有显著作用。2008 年国际金融危机发生后，政府推出了一系列的大规模项目建设及地方配套投资政策，土地财政是保证这些政策顺利实施的重要途径之一，其对于扩大国内居民需求，支撑中国率先从危机中复苏，发挥了至关重要的作用。

表 4－3　　人均土地出让收入对人均消费支出的影响

样本 变量	模型 1： 城镇居民	模型 2： 农村居民	模型 3： 全体居民
LNLF	0.010*** (4.10)	－0.005 (－1.31)	0.007*** (3.50)
LNFIN	－0.050*** (－3.27)	0.148*** (6.78)	－0.071*** (－6.69)
LNINU	0.915*** (31.00)		

续表

样本 变量	模型1： 城镇居民	模型2： 农村居民	模型3： 全体居民
LNINR		0.733 *** (16.09)	
LNINT			1.047 *** (63.00)
R^2	0.982	0.955	0.990
Hausman 检验统计量	134.60 (0.000)	8.41 (0.038)	64.82 (0.000)
N	403	403	403

注：回归系数括号内的数为T值；***、**、*分别表示1%、5%和10%的显著水平；Hausman 检验 H_0显示，随机效应优于固定效应估计。

政府一般预算支出对城镇和农村居民消费的影响也不相同。实证检验表明地方政府一般预算支出对城镇居民和全体居民的消费支出都产生了显著的挤出效应，而对农村居民表现为挤入效应，且对农村居民消费产生的挤入弹性要远高于对城镇居民的挤出弹性，这进一步说明了，公共支出的城乡不平衡。表明现阶段农村地区的公共服务和基础设施的相对滞后，是制约农村地区居民消费水平增长的主要因素。加大对农村地区的政府支出，将会有效促进农村居民消费的增加。相反，对城市地区的财政支出已出现边际递减效果，应进行适当控制。这对于调整中国财政支出结构具有重要的参考意义，当前应进一步加快推进城乡公共服务均等化。

对城乡居民及全体居民的回归估计结果都表明，收入是决定居民消费的主要因素，对消费具有显著的正向影响。过大的城乡贫富差距、低水平的社会保障、日益增加的收入不确定性，使农村居民收入中用于储蓄的比例逐渐提高，边际消费倾向不断下降。近年来，在农村居民家庭年纯收入构成中作为基础保障的家庭经营收入逐年下降，从 2000 年的 63% 下降至 2011 年的 46%，而工资性收入的比重从 2000 年的 31% 上升到了 2011 年的 42%[①]。工资性收入增加是近年来农民收入提高的主要来源，主要以外出务工形式获得。但由于二元户籍制度的存在，农民工无法享受城市居民排他性的公共服务，增加了其对未来预期的不确定性。原有保障日渐微弱，而新的农村社会保障体系尚不完善，必然会使农村居民增加储蓄支出，降低消费倾向。

中国目前仍处于经济转轨进程中，政府对经济和社会发展的影响虽相较于改革初期已大幅弱化，但仍具有重大影响。政府干预下的结构转型与市场增进，将大量的经济资源用于发展工业化和推进城市化，这种城市偏向的非均衡经济发展战略，使中国经济实现了超常规的快速增长。但长期的非均衡战略的实施，必然会带来资源配置的扭曲和城乡收入差距的拉大。土地财政即是这种非均衡发展战略下城市偏向政策的具体体现。对土地财政收入与支出的分析表明，土地财政具有明显的城市偏向。土地财政的收支过程会对城乡居民产生异质性影响。一方面，土地二元制度支撑了现阶段城市的低成本扩张，同时，导致城乡间贫富差距不断扩大；另一方面，土地出让收入支出安排的城市偏向扩大了城乡居民在公共服务和基础设施方面的差距，阻碍了人口城市化。城

① 数据来源于中经网统计数据库。

市偏向下的土地财政不仅会使城乡结构日益失衡，同时还会在财富再分配、产业结构、资源配置、住房供求等方面产生扭曲效应。土地财政对城乡居民消费的异质性影响正是这种扭曲效应的具体体现，进一步深化改革迫切且无法回避。运用1998—2010年中国31个省（市、区）的年度面板数据对土地财政对城乡居民消费影响的实证分析表明，土地财政对城镇居民的消费支出产生了显著的挤入效应，而对农村居民的影响并不显著。

第五章

后土地财政时期的经济社会风险：生成机制与传导路径

根据土地财政规模的变化趋势，可以将中国分税制改革以后的土地财政发展分为起步[①]、发展[②]、退出三个阶段。其中，退出阶段即为通常所说的“后土地财政”时期。在退出阶段，土地财政收入逐步下降，重要性开始减弱，土地财政不可持续性所带来的各种问题逐渐显露。土地财政退出的原因包括土地资源的有限性、土地政策的变化、城镇化减速等。2011 年以来土地财政出现了明显的发展放缓迹象。一是土地出让金规模虽依然较高，但占地方财政收入的比重有所下降，特别是随着土地开发成本的不断提高，征地成本已占土地出让收益 85% 以上（贺蕊莉，2011），土地出让净收入下降明显；二是中国虽然仍处于快速的城镇化阶段，但由于

① 1994—1999 年为土地财政的起步阶段，这一阶段，土地财政水平较低、增长缓慢，对经济增长的影响也不大，土地出让金收入占地方财政决算收入的比重约为 6.94%。

② 2000—2011 年为土地财政的发展阶段，在这一阶段随着城市住宅商品化改革的完成和城镇化的快速推进，土地财政收入快速增长，土地出让金收入与地方财政决算收入的比重也持续上升，到 2010 年这一比例达 66.73%。在土地财政发展阶段，土地出让收益逐步构成地方财政收入的主要来源，地方政府对土地出让收益的依赖程度不断提高。经济增长与土地财政的相互关系不断强化，土地财政有内生于经济增长的趋势。

现阶段土地城镇化要远快于人口城镇化，土地城镇化出现增速放缓趋势；三是为坚守18亿亩红线，中央政府采取了日益严厉的土地调控政策，未来对农业用地非农化必将采取更为严格的控制。综上可以判断中国现阶段已进入后土地财政时期。

在后土地财政时期，土地财政的各种风险进入集中爆发的阶段。对这些风险进行分析并做好提前防范对实现土地财政的顺利退出意义重大。土地财政可能引致的风险主要包括财政风险、金融风险、社会风险等。土地财政模式导致了经济结构失衡和社会矛盾激化，使财政、金融、粮食安全等风险不断累积[①]。本节将围绕这些风险的生成机制与传导路径展开分析。

第一节　财政风险及其传导路径

目前，针对引起风险的主体的不同，理论界对财政风险（Fiscal Risk）有两种不同的提法：一种观点认为，财政风险是受财政领域内的不确定性因素的综合影响给财政资金和财政运行造成损失和破坏的可能性；另一种观点认为，财政风险是政府不适当的财政活动或行为给政府之后的财政活动或经济社会发展造成潜在损害的可能性。与此相对应，可以将财政风险分为内生性风险和外生性风险两类[②]。内生性财政

---

① 陈志勇、陈莉莉：《财税体制变迁、“土地财政”与经济增长》，《财贸经济》2011年第12期。

② 张志超：《财政风险及其定性、定量分析》，《经济学动态》2003年第4期。

风险是一种可控风险，只要找到诱发风险发生的具体原因，就可以通过适当的机制设计和制度安排实现对风险的防范、减小乃至化解。而外生性财政风险由于是由财政活动之外的不确定所引起的，往往并不可控。土地财政的不可持续性、易波动性以及与土地相关的隐性债务是诱发财政风险的主要方式，既包含外生性财政风险，又包含内生性财政风险。

一　不可持续风险

土地作为一种稀缺资源，具有地域的固定性和总量的有限性等特点。在现有的生产技术条件下，无论采取何种开发方式，在一定期限内可以利用和使用的土地总量是有限的。以目前中国快速城镇化过程中以增量土地开发为主的模式，未来必然将面临土地资源的硬性约束。土地资源的有限性决定了土地出让收入也是有限且难以永续维持的。

中国是个人口大国，面临保障国民粮食安全的重任，在一定的技术条件约束下，必须要有一定数量土地资源作为保证，经过科学测算，要实现与中国人口规模需要的产量，近中期内中国农业生产的耕地面积至少要稳定在18亿亩左右，这是中国土地保障一道不可逾越的红线。在过去很长一段时间里，中国耕地以年均近20万公顷的速度递减，相当于每年减少了500万人口粮田，2012年中国的耕地面积基本维持在18.2亿亩左右。人均耕地面积更是大幅下降，仅维持在世界平均水平的40%左右，而北京、天津、上海、浙江、福建、广东六省市人均拥有的耕地水平还低于联合国粮农组织确定的0.8亩的警戒线[①]。18亿亩耕地保护红线已成为制约中国经济社会未来发展的硬性约束。

近年来，地方政府出让土地范围从“城市中心”到“城市郊区”再到“征用农地”。靠出让土地维持地方政府收入面临严峻挑战，短期内地方政府倾向于以推高地价来维持土地出让收入的增长，但长期来看，其必然不可持续，且地价的偶然波动都可能导致土地出让收入的突然下跌，影响财政稳定。

二　波动加剧风险

土地出让金收入是土地财政收入的主要构成部分，是一种地租性收入。土地出让收入具有较大的波动性，与现代税收稳定性的基本特征不相符，其在西方政府收入体系中只占有很小的一部分。不完善的土地市场使土地出让收入具有了更大的不稳定性，而中国地方政府当前的“以地生财”收入模式，使这种不稳定会对地方政府财政行为产生较大影响。

首先，土地财政具有强烈的市场敏感性，加大了地方政府收入的不稳定。市场经济运行的周期性波动会对土地财政收入产生较大影响。土地财政是地方政府在经济体制改革过程中利用自身的主导地位，实现在市场经济下的财力与资源配置权力扩张的结果。尽管土地市场的发育尚不完善，地方政府也是基于这种不完善来实现以地生财的，但是土地市场作为整个市场体系的重要组成部分，其必然要遵循市场交易

---

① 曹燕萍、罗娟：《地方财政土地出让金偏好的风险与规避》，《财经理论与实践》2012年第2期。

原则，服从市场周期波动规律。而土地出让收入属于一次性的财政收入，更易受到宏观经济形势的影响。财政收入的持续稳定是政府实现逆经济周期调节的基础，而土地财政收入是典型的顺周期波动，在经济形势收缩时，会形成较大的财政缺口，加大政府的财政风险。2008 年下半年骤然降临的国际金融危机，给中国土地财政运行模式带来了较大的冲击。土地市场骤然收缩，供求关系由卖方市场急变为买方市场，土地普遍降价、流拍，造成土地出让收入大幅下滑。2008 年中国地方政府土地出让收入占地方本级财政收入比重从 2007 年的 51.96% 急剧下滑到 36.35%，下降了 15.6%，而 2008 年的地方本级财政支出却比 2007 年增长了 28.68%。好在中国政府实施的救市措施有所成效，2009 年实现经济复苏，土地财政收支缺口有所缓解。但此次金融危机的冲击，使土地财政收入的不稳定性及其蕴含的风险引起了越来越多的关注。面对中国经济的持续低迷，真正令人担忧的是，各级地方政府对土地财政的深度依赖，如果经济运行进入长期低谷期，地方政府的债务不断累积，使财政风险也不断增加。

其次，土地财政对房地产市场的高度依赖，也加大了地方政府财政收入的不稳定。广税基被认为是税制设计的重要原则，其中一个重要原因是有助于税收收入的稳定。土地财政显然不符合这一原则。自 1998 年实行全面住房制度改革以来，中国的房地产市场迎来了一个较长时期的持续繁荣，这也是土地财政产生的重要条件。但长期的增长使房地产市场泡沫不断膨胀，随着房地产调控政策的落实及房地产市场逐步进入低潮期，土地出让收入也将大幅减少。此外，建筑业和房地产业的相关税收收入也会大幅下降。根据西方发达国家的经验，在未来房地产业在经济中所占比重必然会不断下降，因此，应当及时调整，早做防范。

三　代际失衡风险

土地出让收入实质是土地批租制下的批租费用，是土地出让期内各年地租收入的现值之和。对土地出让收入的支出安排理应考虑其在代际之间的分配。但当前情况并非如此，一方面，现阶段的国有土地使用期限通常在40—70年，而一届政府的任期为5年左右，在缺乏对地方政府行为进行有效的监督情况下一届政府会在任期内最大化转让土地使用权，尽可能在有限任期内，将其可能调动的资源全部使用；另一方面，当前土地财政“一次收取、当期使用”的特点，显然违背了“代际公平性”原则，是一种“寅吃卯粮”行为。

土地财政运行的常态化违背了当代责任政府的“风险中性”原则。土地财政的一个特征就是超前获取和使用，而将相应的风险转移给以后的政府，从而出现收入风险不对等的现象，这是与当代政府必须坚持长期的“风险中性”原则相背驰的。以大规模不盈利的城市基础设施建设为例，通常它的建设资金来源是政府相应的土地抵押贷款，其还贷往往跨越几届政府，但一旦遭遇无地可卖的硬约束，这种前人卖地、后人维护的模式将难以为继。更为令人担忧的是，其往往会开工一些需进行跨期建设或投资的工程或项目以彰显其政绩，这不仅会提前透支了以后各届政府的财力而且增加了未来需要偿付的政府债务，严重损害了财政的可持续性。

四　隐性债务风险

地方政府通过土地财政不仅获取了巨额土地出让收入，与此同时，以预算内收入、土地出让收入及土地储备的未来收益为抵押物，通过银行杠杆放大资金规模，获取了巨额的信贷资金，用以支持进行基础设施建设、土地开发等，通过土地融资地方政府实现了巨额的债务收入。

根据国家审计署 2013 年发布的第 32 号公告[①]，截至 2013 年 6 月底，地方政府负有偿还责任的债务总计 108859.17 亿元，负有担保责任的债务总计 26655.77 亿元，可能承担一定救助责任的债务总计 43393.72 亿元。审计发现，地方政府性债务对土地出让收入的依赖程度较高。在负有偿还责任的债务中承诺以土地出让收入来偿还的债务余额达 34865.24 亿元，占省、市、县三级政府负有偿还责任债务余额 93642.66 亿元的 37.23%，涉及 11 个省级、316 个市级、1396 个县级政府。此外，本次审计还发现市政建设、土地储备和交通运输设施建设是地方政府性债务余额的主要支出投向，其中在政府负有偿还责任的债务余额中，投向市政建设、土地储备和交通运输设施建设的支出达 68770.79 亿元，占该类债务余额的 67.96%。《中国经济周刊》与中国经济研究院对 2014 年 1—5 月中国 23 个省份政府审计部门的公开审计报告的分析也表明，地方财政支出存在对土地财政的过度依赖，土地出让收入被当作地方债务偿还的主要渠道。

---

① 根据公告，此次审计范围涵盖中央、31 个省（市、区）和 5 个计划单列市、391 个市（地、州、盟、区）、2778 个县（市、区、旗）、33091 个乡（镇、苏木）的政府性债务。

除以上风险之外，现阶段土地财政模式下，还蕴含着较大的内生性风险。从地方政府对相关债务资金的管理来看，各级地方政府普遍缺乏对政府性投融资机构的融资规范，地方政府性债务收支多数并没有纳入政府预算管理。审计署2013年12月发布的《全国政府性债务审计结果》表明，地方政府仍存在较多的违规融资和违规用政府性债务资金现象。财政部等四部委2012年年底明确要求地方政府规范对融资平台公司的注资行为后，仍有部分地方将市政道路、公园等公益性资产和储备土地等以资本金形式违规注入71家融资平台公司；部分地方违规将债务资金投入资本市场、房地产市场以及用于修建楼堂馆所等。

第二节　金融风险及其传导路径

金融风险是指在未来时期内金融资产及其预期收入遭受损失的可能性。根据金融风险的性质可以将其划分为系统性金融风险和非系统性金融风险。非系统性金融风险是个别资产所特有的，一般影响范围较小，可以通过一定途径进行分散。系统性金融风险则关系整个金融体系，其发展到一定程度甚至会转化成金融危机，引发社会动荡。土地财政的一个重要特征在于：通过“政府 + 土地 + 金融”模式，实现了将不易流动的土地资源与易流动的金融资源的融合。通过金融机构的放大作用，土地财政使地方政府财力大幅增加。然而，金融机构对土地财政实现过程的深度参与，使土地财政与金融系统紧密地捆绑在了一起。土地财政通过“地方财力不足—依赖土地财政—各地竞相招拍挂出让土地—地价上涨推升房价—房地产泡沫堆积—危及银行信贷安全—房地产金融风险日益凸显”这一链条影响金融系统的稳定①。

一　土地储备贷款、开发性金融贷款助推“投资过热”

根据刘守英、蒋省三（2005）的调查，在东南沿海的县市，基础设施投资高达数百亿元，其中财政投入仅约占10%，土地出让收入占30%左右，60%靠土地融资。这一结构基本能够反映各地方政府投资城市基础设施建设的主要资金来源情况。其中，土地融资主要包括土地储备机构的土地抵押贷款和政府投融资平台的开放性金融贷款，后者包括政府向该类机构的大量土地投入及相应政府信用保证。可以说，地方政府的土地储备成了名副其实的“土地银行”。

地方政府赋予土地储备中心抵押贷款的权力。该类机构在获取土地管理部门发放土地使用权证后，根据土地市场需求情况，按照储备土地不同使用属性，有计划地向金融机构申请土地抵押贷款。土地抵押贷款分为土地使用权抵押和土地收益权质押两类。前者常见于经济发达地区，由于当地土地市场价值较高，政府可以获取足够的贷款额度，这些贷款一般不超过2年，由于时间较短，此类贷款的可预见风险较小。后者常见于经济欠发达地区，即以储备土地经公共性投资开发后取得增值收益，而非不动产为质押物所设立的担保

---

① 周雪飞：《当前我国土地财政“倒逼金融”现象分析及对策研究》，《财政研究》2008年第8期。

债权。这类贷款大多数项目期限是5—15年，由于时间跨度过长及现有的法律规定的模糊，导致该类贷款的风险较大。由于1998年以后，中国的土地市场持续走高，成为金融机构一块优质市场，再加上地方政府的政策导向和政府行为，使土地购置和开发非常容易获得商业银行巨额贷款，但与之相随的是沉重贷款利息使地方政府背负巨大的债务负担。2013年6月，国家审计署的审计也发现，由于偿债能力不足，一些省会城市本级只能通过举借新债偿还旧债，5个省会城市本级2012年政府负有偿还责任债务的借新还旧率超过20%，最高的达38.01%。

与此同时，地方政府基于不同项目还成立了大量的政府性融资平台，并以土地出资的方式将储备土地注入，但与土地储备机构的融资相比，该类机构的贷款资质较差，往往需要地方政府出具还款承诺函或提供其他形式的担保，进而形成地方政府的或有负债，产生较大的财政和金融风险。

二 地价、房价过快上涨增加银行信贷风险

房地产业飞速发展的背后除由地方政府推动之外，银行作为连接地方政府、开发商和购房者三方的媒介也提供了强有力的金融支撑。地方政府以土地储备中心、政府性投资和开发公司为载体，利用土地抵押向银行融资进行土地开发和城市基础设施建设；房地产投资商向银行贷款进行房产开发；购房者通过银行按揭买房；银行的放贷连接了土地和房产的供需双方，将地方政府、房地产开发商和购房者有机捆绑，形成“政府向房地产开发商供地—房地产开发商向购房

者供房”的土地供应链；“购房者向房地产开发商购房—房地产开发商向政府购地”的资金供应链[①]。三者唇齿相依，一旦某个环节发生问题，整个链条都将受到影响。在这个系统里，土地抵押贷款的还款能力主要取决于地方政府经营性用地所产生的运营收入和当地政府的财政收入状况[②]。经济形势下滑、中央政府政策变化等对土地市场产生冲击使土地价格发生下调时，地方政府的还款压力将大幅增加。房地产开发贷款名义规模小，但实际总量大，国内贷款在房地产开发资金中仍占有较大比重，房地产开发风险大多被房地产开发商转嫁给了购房居民和贷款银行。然而，当前绝大多数居民家庭的经济收入与高企的房价并不相称，居民的还贷能力也将会对房地产市场和金融体系的稳定产生影响。

从上下游产业关系上看，土地与房地产业是面粉与面包的关系，地价的上涨必然会反映在房价上，而房价的连续快速上涨，为地价提高提供了空间。从全国范围来看，1998—2010 年其中有 8 年地价上涨的幅度甚至超过了商品房价格上涨幅度。

当房价长期高于实际的市场价值，房地产业内的投机就会泛滥，形成房地产泡沫，行业风险加剧。2010 年年中，媒体报道国家电网内部的统计数据显示“全国 660 多个城市，连续 6 个月以上电表读数为零的空置房高达 6540 万套”[③]。

---

① 刘守英、蒋省三：《土地融资与财政和金融风险——来自东部一个发达地区的个案》，《中国土地科学》2005 年第 5 期。

② 王玉波、唐莹：《转型期地方政府土地财政效应研究》，《农村经济》2011 年第 10 期。

③ 李拉：《“屋有其居者”与“居者有其屋”同样重要》，《产权导刊》2010 年第 10 期。

其他的类似调查报告显示，中国房地产空置率已经超过了20%的国际警戒线。由于房地产市场长期高速发展，银行金融机构对整个房地产的产业链发放了巨额贷款，银行已经与地方政府、房地产企业和居民个人形成超长的资金利益链条，与此同时，金融风险也随之增大。值得指出的是，中国房地产业与银行的关系尤其密切。再加上当前很多地方政府的融资平台都是用土地进行抵押贷款，一旦泡沫破灭，房价、地价急剧下跌，抵押品价值将大幅缩水。对银行而言，最终的政府财政风险、企业财务风险及个人信用风险都可能转化为金融风险，银行就成为最大的埋单者，如果损失超出银行的承受能力，就会引发金融危机。

银行系统存在的巨大风险是经济稳定运行的隐患，房地产泡沫一旦破灭，后果不堪设想。所以经济若要健康发展，必然要使房价全面下降至合理价位，迫使一部分开发商离开房地产产业，这样商住用地的需求也会减少，地价也随之回落，政府不能够再通过高价出让土地获得巨额出让金收入。

一块土地出让价格的提高将提升周边所有房地产和土地的价值。这意味着地方政府能直接获得更多收入并在今后的土地出让中受益，而且由于现有抵押品的价值上升，地方政府的下属企业能从银行获得更多信贷。这也是地方政府对中央增加土地和住房供应并限制房价上涨政策缺乏执行动机的重要原因。即使在土地交易市场不景气时，地方政府仍然偏向于与开发商和国有企业进行勾结，通过幕后操作来防止名义或官方土地竞标价格的下滑。这样做对于保持贷款抵押品的价值维持在高位非常重要。

第三节　社会及其他风险分析

社会风险是一种导致社会冲突、危及社会稳定和社会秩序的潜在可能性，也即爆发社会危机的可能性。一旦这种可能性变成了现实，社会风险就会转变成社会危机，对社会稳定和社会秩序都将造成灾难性的影响[①]。财政风险与金融风险可以认为是土地财政对经济发展的影响，而社会风险则更多的是隐匿于日常生活之中。后土地财政时期，也是社会风险集中爆发的阶段。

一　加大城乡差距和社会分化

土地财政的核心原理就是：地方政府一方面运用政府权威从民众手中低价征地，另一方面按照市场对等交换原则高价卖地，获取的中间价差，一部分用于弥补地方财力不足，主要用于支撑行政主导拉动经济增长的发展模式。

首先，失地农民利益往往受到侵害成为社会不稳定因素。土地财政的过度发展是个典型的非零和博弈过程，房地产商与政府从房地产发展中获取巨大的收益，而广大的失地农民、市民，则是利益受损者。由于中国实行土地公有制度，民众作为土地使用者，除获取当前合理经济补偿外，失地民众应该享受被征用土地的部分发展权。地方政府作为公

① 熊光清：《当前中国社会风险形成的原因及其基本对策》，《教学与研究》2006 年第 7 期。

众利益的代理人和国有资产的管理者，在现有财政压力下，使其最终选择了自身可支配收入的最大化。[①] 此外，随着城市化进程的加快，农村土地被大量征用，中国失地农民数量急剧上升。据测算，1999—2010 年有将近 3000 万农民失去土地[②]。然而，土地补偿制度存在较多不足，现行失地补偿标准与土地的实际市场价值偏差严重，且尚没有建立起相对完善的社会保障制度，尤其是农民在失去土地这一主要的收入来源之后，其生活水平势必受到极大影响，容易引发被征地者的抵制行为，给社会稳定带来隐患。由于年龄、技能、健康等主客观原因，失地民众中的相当比例者沦为城市的低收入群体，成为整个社会不安定的核心力量。

其次，高房价加剧城市居民购房困难，易引起社会分化，激发民众不满情绪。住房是人类最基本的需求之一，在市场经济条件下，住房属于特殊的生活必需品，对于低收入群体而言，经济适用房、廉租房还带有准公共产品性质。住房消费具有巨大的外部性，从社会学角度看，居住条件是影响一个居民是否拥有良好的或社会认同的基本物质基础，不仅会影响其道德水平、社会行为规范，最终影响到此人对社会的认同感和归属感。但土地财政助推的房价过高乃至“天价”已成为当前中国一个非常突出的社会问题，从而危及社会和谐和国民素质的提高。作为社会公共利益的代表，政府理应控制房价过快上涨。但在攀升的地价和平抑房价的矛盾之间，使政府陷入鱼和熊掌不能兼得的境地。房地产市场造

① 昌忠泽：《土地财政隐藏的风险及其相关的对策建议》，《山东财政学院学报》2011 年第 1 期。

② 刘昕：《城市化进程下失地农民社会保障问题》，《财经界》2014 年第 2 期。

成全社会居民财富差距拉大，加剧了社会的分化。房地产投机过热造成房价过度上涨，许多富裕家庭通过投资炒房的方式，快速积累财富向社会的富裕人群高度集中，导致商品房大量空置。而普通民众（中下收入者）买房难，成为“房奴”或者“蜗居”的“蚁族”，全社会贫富差距不断拉大，社会矛盾日益尖锐，这对社会稳定非常不利。

二　滋生寻租行为

土地财政作为启动中国城市化大发展的财政工具发挥了重要的作用，本书实证研究已经多次证明。但是作为一种财政制度，它不仅有财政的自身风险，而且牵扯巨大的金融风险，更为严重的是它还积累了巨大社会冲突、加剧了社会分化，给社会的和谐发展、科学发展带来了巨大的矛盾。土地财政问题是当今中国特有国情，由于制度的惯性，今后还会持续相当长时间。

多年来，国家一直高度重视土地管理工作，多次强调要建立和施行世界上最严格的土地管理制度，土地执法力度也不断加大，但土地违法行为的发生并未得到有效遏制，土地违法量大面广的问题一直是困扰土地行政主管部门的突出问题。近年来虽然土地违法案件数量有所下降，但土地违法行为仍然保持在较高水平。违法行为屡禁不止的重要原因之一就是本应是执法主体的地方政府成为主要的违法主体之一。如果仅从统计数据反映出来的情况看（见图 5－1），各级机关在土地违法案件中占比较高，涉及土地面积占比较大。

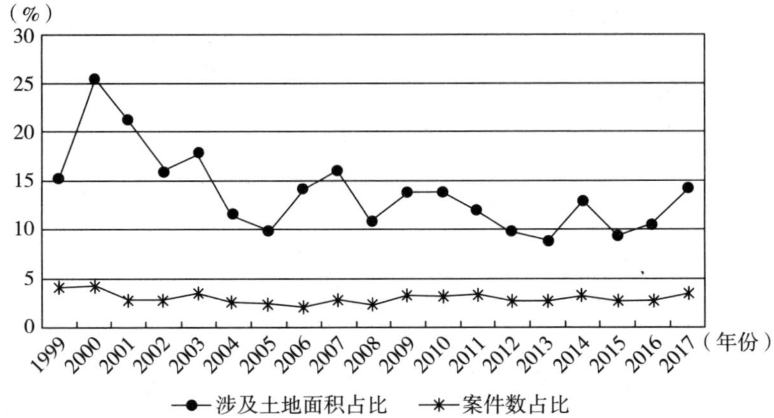

图 5－1　各级机关土地违法案件查处情况

土地财政的发展分为起步、发展、退出三个阶段。在后土地财政时期，由于土地财政的规模将不断下降，土地财政前期发展所累积的各种风险会逐渐显现。后土地财政时期经济社会发展所面临的风险可分为财政风险、金融风险、社会风险以及其他风险。财政风险主要包括不可持续、易波动、代际失衡、隐性债务过大等；金融风险主要包括金融机构支撑下的地方政府盲目投资建设和地价、房价泡沫破裂的信贷风险；社会及其他风险主要包括城乡差距扩大与社会矛盾激化、引发群体性事件和滋生腐败寻租等。对后土地财政时期经济社会风险的系统梳理，有助于理解城市偏向视角下的土地财政及其对经济发展的影响，为改革政策的提出提供参考。

第六章

转型对策

土地财政问题是近年来学术界研究的热点，特别是随着中国住房市场的发展和房价的不断攀升，土地财政更是引起学者的广泛关注和研究。分税制以后，地方政府逐渐把土地财政作为其主要收入来源。以地生财模式在推动 GDP 快速增长的同时，也使经济结构日益失衡，城乡差距不断扩大，社会矛盾加剧，而且地方财政风险和金融风险也不断增加。基于以上风险和问题，许多学者开始对土地财政问题进行更为深入的研究。

本书在总结现有研究的基础上，试图从中国转轨过程中长期存在的城市偏向视角为这一问题增加新的注解。通过系统的梳理和分析，本书主要得出了以下几点结论：第一，土地财政作为中央政府主导的渐进式财政体制变迁中的阶段性现象，是与政府治理结构、财政分权和土地产权制度紧密相关的，是地方政府在既定的制度框架下的一种自我适应性调整和理性反应。在上述三种大的制度不完善的条件下，地方政府的理性选择必然会异化为行为结果的非理性。第二，短期来看，土地财政促进了经济增长，但长期并不尽然。相反土地财政收入来源不稳定性，使其对经济波动起到了“推波助澜”的作用。中央集权下的经济分权以及以 GDP 增长为导向的地方政府考核机制才是地区经济增长的动力之源。第三，无论从收入来源上还是从支出结构上，土地财政都具有显著的城市偏向特征。土地财政的城市偏向特征扩大了城乡差距，激化了社会矛盾。土地财政对经济结构的扭曲效应，如果不能得到及时矫正，必然会制约长期的经济可持续发展。土地财政规模的异常膨胀，凸显了其不可持续性，应及时采取有效措施应对和防范后土地财政时期所面临的财政和金融风险。第四，土地财政问题表面是地方政府的问题，实质是中国顶层制度设计存在的问题。改革现行的政府治理结构、财政分权制度及土地产权制度是整合化解土地财政问题的三个核心环节。当前问题的关键在于，在顶层制度的再设计时，如何通过合理的激励机制设计，将地方政府的策略选择有效纳入增长导向，向全面协调可持续发展导向转换的轨道上来。

改革开放以来，中国经济能够持续快速发展很大程度上得益于转型期中国所具有的改革红利、人口红利[①]和资源红利[②]等的释放。“红利”在很多情况下和“债务”是相对应的，随着中国经济改革进入深水区以及人口红利和资源红利的逐步走向衰竭，中国经济发展面临着越来越严峻的挑战。

---

① 所谓“人口红利”，是指一个国家的劳动年龄人口占总人口比重较大，抚养率比较低，为经济发展创造了有利的人口条件，整个国家的经济呈高储蓄、高投资和高增长的局面。2013 年 1 月，国家统计局公布的数据显示，2012 年我国 15—59 岁劳动年龄人口在相当长时期里第一次出现了绝对下降，比上年减少 345 万人，这意味着人口红利趋于消失。

② “资源红利”是指经济发展初期土地资源、矿产资源比较丰富，为经济发展创造了有利条件。而随着经济的发展这些资源逐步减少，甚至成为经济发展的制约因素。

而在这些红利当中改革无疑是当前最具发掘潜力的。现阶段应重点从改进政府治理结构、深化财税体制改革、完善土地出让制度和构建城乡一体化的发展机制四方面入手。

第一节 改进政府治理结构

土地财政行为是特定政府治理结构下的产物，对它的治理只有通过全面优化中央政府与地方政府、地方政府与地方政府、地方政府与微观主体之间的关系，建立有效的制度保障，才能收到标本兼治的效果，否则无法走出财政非规范收入此起彼伏的怪圈。

一 转变政府职能

转变现行地方政府土地财政行为倾向的一个重要调整内容是从“建设型政府”转变为“服务型政府”，不仅是地方政府要实现转型，更重要的是中央政府也要实现转型。政府功能定位转型的背后需要政府摒弃计划经济的思维，培养市场经济的思维，减少政府对经济社会资源的控制能力，限制各级政府“体制外”的流动性创造功能，硬化各级财政预算约束。上述转变的关键环节在于，要真正地分清政府与市场的边界所在，通过放松中央与地方政府公共部门对市场经济过多的管理规制和改进公共部门自身的治理改革来减少社会经济资源的控制。

中央政府首先要在顶层设计上进行调整。当前，在金融、通信、电力、铁路、航空、石油石化等行业，中央企业具有绝对的垄断力量。中央维持上述行业的垄断地位，是以掌控国民经济命脉、维护社会经济平稳运行之名，但近年来遭到社会各界越来越多“国进民退”的质疑。相比较而言，地方政府所掌控的资源局限于道路、机场、码头等基础设施，以及对国有土地资源的实际垄断权。政府转型是系统性的，放松规制的改革需要上下互动，要从中央与地方两个层面上协调进行，从上到下弱化政府官员的政治企业家地位，降低他们在市场资源配置中的扭曲作用。

放松政府的过度市场管制行为的好处体现在以下三个方面：首先，有利于政府职能的转变，防止政府失灵。只要政府拥有垄断市场要素的权力和参与市场经营获利行为和动机，自然就会形成自己的特殊利益，它就不能公正地扮演市场“裁判员”的角色，必然会人为地制造更多的“市场失灵”。其次，有利于发挥市场在资源配置中的作用，建立国内统一的大市场。政府垄断逐步退出，市场机制的作用范围扩大，在资源配置上的高效率被充分激发，有利于促进全国性大市场真正的、高层次的形成，从而有利于解放与发展生产力。最后，政府角色单纯化，降低无效率损耗。政府从经营市场、发展经济的主导力量转变为公共产品与服务提供者，弱化经济指标在政府间竞争中的权重，由此可以减少上级政府对下级政府管理过多地借重相对绩效评估的激励机制，可以减少各种竞争引发的负外部性及相关的各种代价。

中国式转轨的一个重要特征是改革是由政府主导，自上而下进行的。在政府主导的渐进式改革的逻辑下，政府放权是缓慢并且充满阻碍的过程。改革往往是一个由易而难的过程。具体来说，政府倾向于把政府做不好的，出现“政府失灵”的事情交给市场来做。因此在分析市场化改革的过程中，必须把握住这一点，而不能简单地与西方发达体系的成熟制度相比较。特别是在提出改革的建议时，这也是联系中国实际的体现。

二　改进中央与地方关系

一直以来，中央与地方关系被认为是中国制度转型中的轴心问题，是国内外众多学者重点关注的内容。之所以做出如此研判，其原因大致有三方面：第一，中国40多年来经济改革的巨大成就，在很大程度上归功于中央地方关系的积极调整。国内外大量研究都倾向于认为，中国的经济成就与中国地方政府发展经济的强大动力和有效行为有密切关系。中央政府对地方政府激励机制的及时调整，在中国经济发展中发挥了重要作用，正如一些学者所强调的“做对了激励”。第二，中央与地方关系还直接涉及转型国家的稳定。从20世纪90年代开始，世界范围内掀起了转型改革的浪潮，东欧国家，亚洲的中国、越南，拉美国家等都在不同程度地进行市场化改革。在这些转型改革中，有的国家一步步走向成功，经济快速发展，国家综合实力不断增强；有的失败了，国家分裂，经济倒退、社会不稳定。在这种背景下，从20世纪90年代开始，关于中国国家能力的讨论日渐增多。一般认为，国家的稳定与财政体制，尤其是中央政府的财政汲取能力有直接的关系，因此，中央政府与地方政府的财政关系成为近年来研究的热点。第三，理解中央与地方关系的第三个重要意义在于理解中国宏观政策的执行。中国是个超大型社会，拥有大量的人口和广袤的领土，在这样的社会中，公共政策的制定固然重要，政策的执行可能更加重要。在中国的政府体制中，执行问题与央地关系问题紧密相连。中央政府权威的流失往往是地方政府的不执行，或者歪曲执行中央政府政策的结果。虽然在制度安排上，中央政府能够直接对地方进行行政命令，但是自由裁量权的存在允许地方政府对中央政策有一定的自主性。此外，中央与地方之间存在信息不对称的问题，使中央对地方的实质控制大打折扣，这也是中央政府对房价“久调不下”的主要原因。

财政问题是引发中国改革的根本原因，财政改革对整个改革进程和经济发展都有着深远的影响。财政体制改革的主要方面是调整中央与地方政府之间的财政关系。在市场经济的大背景下，政府的财政收入和支出的分摊成为政府行为的重要激励因素。但是，从现实来看，中央政府从1994 年开始的财政集权并没有解决中国的“地方主义”问题。对中国财政分权的探索，有必要同时审视更宏观的经济政治转型过程，将财政议题与存在的国家转型问题相结合。从理论上说，中国是一个单一制国家，地方政府的权力来源于中央政府，并要对后者负责。在这个框架中，中央与地方之间的关系应该是非常容易处理的，官僚制的上下层级结构也应该可以保证政令的畅通和国家的整合。但从现实来看，地方显然有不同于中央的利益考量，也有违背中央政令的动机和行为，很多情况下，中央对此束手无策。我们不能将目光聚集在“单一制”这个制度安排上，事实上，用于处理中央与地方政府关系的制度还很多，如地方官员的晋升制度、政府条块管理体制、党政双头体制等，这些具体的、在现实中发挥作用的制度架构对于现实中的中央地方关系的形成往往具有决定性的作用。

三 完善政府绩效评估机制

在中国特有的“集权—分权”体制下产生了中国特有的政绩考核体制，这一体制与地方政府土地财政行为的产生紧密相关。在现有以 GDP 为核心指标的政绩考核体系激励下，为了在地区间的竞争中获胜，地方政府体制性地被动选择以积累巨大财政风险的代价来传递政绩接力棒。

政府职能定位从“建设型政府”向“服务型政府”转变，改革以 GDP 指标为核心的相对绩效评估体系。由于以 GDP 指标为考核体系的核心，地方政府偏好与 GDP 紧密相关的基础设施建设等投资行为，而经过改革开放40 余年来的发展，此类投资基本饱和，再增加此类投资，其经济效能只能是逐步递减的。而政府在公共服务（如教育和医疗、养老、公共住房）的提供方面与人民群众的需求相差很大，这些方面有很大的改进空间，如果能及时地解决地方层面公共服务历史欠账及新的需求，则可以有效地增大社会的整体福利。在与“公共服务型政府”相配套的考核指标体系的设计中，可考虑在政绩评价体系中加入社会保障率、失业与就业率、家庭收入增长率、教育实现率、生态和环保指标达标率、社会治安破案率、重大责任事故发生率、对突发性事件的应急反应能力、人口自然增长率、居民幸福感和满意度等社会发展指标。

当然，从长期的制度建设需要来看，只有通过国家逐步推进与深化行政与政治体制改革，才能真正实现政府治理结构的质变。应该加大民众对政府及主要官员绩效考核评价中的权重与机会，逐步改变政绩评价“唯上不唯下”的弊端。最终要建立一个地方政府对地方群众负责为主的地方治理体系。

第二节　深化财税体制改革

对地方政府而言，土地财政与一般预算收入均为地方政府的可控财力，只是管理方式与用途有所差别，两者之间存在紧密的联系，土地财政最初就是由于一般预算收入不足造成的财政压力而促生、发展与壮大。就治理土地财政的财税体制而言，需要两个层面改革：一是重新按照“事权与财权”相匹配的原则和激励相容性原则，规范中央、省及省级以下财政分权改革，让各级政府各得其所、各尽其能。二是对土地出让收入本身进行管理制度方面的改革，使其支出结构更加合理。

一　进一步完善分税制财政体制

1994 年分税制改革后造成地方政府事权与财权严重不对

称的状况，是造成地方政府严重依赖预算外经济资源的一个制度根源。完善分税制财政体制，赋予地方政府特别是市县财政与事权相配的财权、财力，是缓解地方政府对土地收入等体制外经济资源过度依赖的一个途径。

一方面，应进一步理顺各级政府的支出责任。在明确政府和市场作用边界的基础上，按照法律规定、受益范围、成本效率、基层优先等原则，理顺省与市县政府间在基本公共服务领域的事权和支出责任。省与市县政府合理负担，共同强化基本公共服务的供给责任，进一步提高民生支出的保障程度。在公共服务领域存在交叉或重叠的领域，对其事权进行明确细分。近期应在目前存在问题比较多的公共卫生、社会保障等领域率先进行改革。上述领域，尤其是关系到全民的医疗保险、社会保险作为强制性消费的全国性公共物品（集体物品或准公共品），首先是中央政府承担主体支出责任，省级地方政府承担重要的补充支出责任，管理责任可以由中央和省市县政府分担。社会救济、地方治安、消防等与地方天然密切，是传统的地方性公共物品，市县政府责无旁贷负起主要支出责任。

另一方面，应逐步完善省以下政府层级的收入划分。应改革完善增值税、营业税、消费税、个人所得税等主体税种，逐步健全资源税、房产税等地方税种，并赋予省级政府对一般地方税种的税目税率调整权、减免税权和实施细则制定权，在社会保障和环保领域继续推进税费改革，与此同时，中央与地方的收入分配问题仍需调整。在认真落实国家税制改革政策的基础上，需进一步调整完善省与市县间收入分配关系，进一步健全地方税收体系，培育地方支柱财源，尽可能增加地方本级收入，增强各地安排使用收入的自主性。

二 构建稳定的地方税体系

土地财政的快速扩张，一方面反映了土地出让“寅吃卯粮”的制度性缺陷，另一方面掩盖了大量公共投资形成土地开发收益大量流失的现状。要从制度上减轻对土地财政的过度依赖，加快地方主体税种建设势在必行。新型的地方主体税种可以为地方政府提供长期稳定、可持续发展的税收收入，可有效地减少地方政府对当期的土地出让收入的依赖，让未来的政府收入结构和规模更加规范和健康。而当前应加快房产税的改革与试点，与此同时，对地方政府的土地出让收入规模实行“上限”管制，即不得超过一定的增幅，从而起到抑制其过度扩张的“防火墙”功能。

三 规范政府性基金管理

为规范政府基金管理，国务院办公厅在2006年12月颁布《关于规范国有土地使用权出让收支管理的通知》，自2007年已将土地出让收支全额纳入地方基金预算管理，实行收支两条线管理，建立了定期政府向同级人大常委会进行预决算报告制度。制度的形式已经建立起来，问题在于各级政府机关执行随意性和权力机关监督的软弱。

完善土地出让收支基金管理制度一个关键在于对支出用途管制。土地出让收入在扣除必要的成本开支后，必须对其净收益部分的用途进行规范的管制，至2011年8月，国家规定土地出让收入首先要支付农业土地开发、廉租住房保障、教育资金、农田水利建设资金四项法定支出，已占土地出让收入净收益的45%左右。当前国家也正是按照这个管理思路，进一步加强对剩余55%左右净收益的管理，以此来压缩地方政府“寻租”的空间。我们认为土地出让净收益应主要用于解决“三农”问题，以加快城乡公共服务均等化的进程。

目前对政府性基金的收入和支出的监督依然较弱。中国目前的政府收支格局，主要由四类预算构成：公共财政预算、政府性基金预算、社会保险基金预算和国有资本经营预算。尽管都向人民代表大会报告，但人代会能够同时行使审议、批准权限的只有公共财政预算。土地出让收入作为政府性基金预算的主要构成部分，其收入和使用不需经过人代会批准，充其量只是作“备案”性审议，具有明显的“私房钱”特征。这既造成政府财力使用上的分散和浪费，也在财力紧张的表象下潜藏了政府收入不断扩张的动因，甚至为地方政府性债务规模的不断膨胀提供了“口实”。下一步，应强化对政府性基金管理的规范和透明。

土地财政是1994年分税制改革的副产品，是地方政府经济资源剩余控制权在特定环境下产生的经济收益。由此，地方政府对其占有，有历史的必然性问题，它是对历史事实的一种承认，不仅是道义的问题，而且还有现实中各地政府大量的债务问题，借贷平台规模很大，必须由地方政府来承担。作为集权措施的一个弊端，它很容易引起低效率及预算软约束，中央如不能有效解决该问题，地方被迫寻找新的资产权益，如排污权交易、其他资产类收入，或引起乱收费的反弹，土地财政没了，“某某财政”可能就会来了，由此开启新一轮的治理周期。

第三节　完善土地出让管理制度

土地财政现象的产生与地方政府在土地产权及管理制度中特殊的地位和身份有着直接的关系。地方政府掌握了土地产权的实际剩余控制权，垄断土地出让市场，成为土地产权及土地管理制度中的“巨无霸”。在下一步改革中，应以完善土地产权制度为基础，尽量厘清政府、集体组织与个人在土地产权各项权能的主体界限，各司其职，各尽其能，真正发挥土地产权的制度保护作用与促进发展的职能。

一　进一步明晰土地产权制度

完整的土地所有权包括土地的占有权、使用权、收益权和处分权，其中处分权是核心。与城市国有土地产权相对明晰相比，亟待明确农地产权的权属。中国宪法明确规定农地除国家所有外，其他属农民集体所有。当前《中华人民共和国土地管理法》（以下简称《土地管理法》）第 10 条规定的村农民集体、乡镇农民集体、村内两个以上农村集体经济组织之间的界限模糊，在现实当中很容易造成有利大家上、无利无人问的局面，容易造成权利主体的模糊与虚置。由于法律规定的模糊不清，导致长期以来农民集体土地所有权不完整，导致地方政府代替农民把持对集体土地的处分权，农村集体组织及农民无权决定自己土地的命运。完善农村集体土地所有权、农民承包地的使用权、集体建设用地使用权等权能，是从制度层面破解地方政府土地财政行为的必然选择。民众是社会的真正主人，只有真正做到还权于民，才能有效地实现以民众的权利和意愿制约官员行为的改革目标，并最终实现集体土地所有权与国家土地所有权，两种权利真正意义上的平等。

2011 年全国普遍推开的农村集体土地所有权确权工作就是针对上述问题而展开的实际行动。根据《中华人民共和国民法典》《中华人民共和国土地管理法》的精神，指导文件对集体土地所有权发证到村还是到组的问题，而是遵循了“是谁的就发给谁”的原则，相应将集体土地所有权证发放给了各农民集体。较好地尊重了历史与现实，在土地确权方面迈出了坚实的一步，为后续的权证建设积累了基础与经验。

在农民承包农地使用权改革方面，在全国农地使用权确权颁证等基础工作完成以后，应适应现代农业产权流转的需求，应进一步扩大农地使用权的权项，促进市场流转，在使用期限内，允许农地使用者逐步实现依法对承包农地进行转让、继承、租赁和抵押等，并通过法律层面与政策层面的制度设计，保障各项权能的充分行使。其中，延长农民土地承包经营权年限是明晰产权制度的一种重要方式。应尽量延长当前耕地、草地、林地承包期等的时间规定。农民土地承包经营权长期化以后，可减少土地产权关系中的不稳定性因素，促进土地流转市场健康发育，有利于形成长期稳定的预期，保障农民长期的土地承包权益得到更好的实现。

由于农户承包农地使用权延长会引致农民家庭成员之间实际上的继承权的问题，很多学者建议，应该在政策上探索农户承包地的有限继承权的可行性。随着农村集体建设用地确权颁证工作展开与管理逐步规范，建议在立法层面制定相关条款，尽快结束现行农民集体建设用地（宅基地）不合理的法律限定，如农民住房、宅基地只能在同一集体组织成员间转让的规定，赋予农民农村集体建设用地使用人以完整的物权，最终实现农村集体建设用地能享有同国有建设用地相同的抵押、出租、转让之权利。上述措施可以释放与发挥农村集体建设用地的资本属性，让农村、农民以集体建设用地土地权利参与工业化和城市化，合理、合法地获取相应的资本收益。在政策层面，首先从农民住房、宅基地开始，随着新型农民社区等居住方式的出现，应尽快结束农村地区房地产转让仅限于本村的半商品化状况，在更大的范围内流转起来。

二　改革征地制度

“征地范围清晰化”是防止土地征收权滥用的有效手段之一，它要求严格界定政府征地的“公共利益”的内涵与范围。应当从严定义“公共利益”的外延，有研究者认为，除了军事用地、特殊用地和保障性住房用地外，其他用地都要实行有偿征用。为此，必须改变当前以用地单位性质（经营性或非经营）来判断其用地是否为公共利益用地的一个关键标准，新标准应该是看其用地行为是否为全社会提供无偿或低偿公共服务。需要重新修订公益性征地目录，大幅压缩公益用地的规模。用更严格的标准甄别能源、交通、供电、供水、供暖等公用事业和其他市政建设项目的公益性与经营性界限，属于经营性质的用地，一律采用非行政划拨方式供地，并相应地收取土地出让费用。基层政府征地权限局限于公益性项目，不得征用农地为经营性项目供地，此举将显著缩小征地范围。政府为非公益性项目而征用农民的土地，应按照土地的市场价格（农地价格与部分土地发展权收益之和）支付失地农民补偿费用。征地成本的大幅增加，会削减地方政府的土地增值收益，能有效地制约政府征地的冲动。

“征地方式市场化”就是通过土地征用的市场化改革，放弃地方政府对集体土地的垄断性征用权和出让权，从制度上根除土地财政形成的基础。市场化改革就是要通过引入新的土地出让主体，打破地方政府的土地供给垄断，改变、优化土地一级市场上供给方结构。农村集体（经营性）建设用地作为中国土地市场的新生力量与改革的重要领域，中央从政策上确立集体建设用地进入市场依法交易的制度。2009年中央一号文件打破了长期以来“非农建设用地必须征为国有”的土地管理格局，明确规定对依法取得的农村集体经营性建设用地，享受与国有土地使用权一样的权利，在符合城乡规划的前提下，通过统一的土地市场、以公开规范的方式进行土地使用权转让。该项制度的建立，有利于逐步建立城乡统一的建设用地市场，最终实现农村集体土地与城市国有土地“同地、同价、同权”理想目标。从今以后，农村集体经营性建设用地只要符合城市规划和土地利用规划的要求，就可直接进入市场，用地方可以直接与村集体进行土地交易，使村集体及其村民能够更多享有自身土地出让带来的收益。但当前农村集体土地的依法转让还远没有起步，为此要加快《土地管理法》等相关法规修订进程，为逐步建立城乡统一的建设用地市场创造条件。

改进征地程序。应废除强制征地制度，实施征地过程中的听证制度，让不同的利益群体都有代表自己的利益的声音。对于符合条件进入土地一级市场交易的集体经营性建设用地，农村集体组织是宗地交易的法定主体，通过直接与用地单位谈判，争取其利益的最大化。

切实保障失地农村集体组织及农民的合法权益，在及时足额给农村集体组织和农民合理的经济补偿的同时，还要"一揽子"解决好失地农民的就业、住房、社会保障等长期的生存与发展问题。现实中，一些地区在创新失地农民补偿安置制度取得较大进展与经验。主要集中在两个方面：一是突破《土地管理法》规定，政策的核心是把被征土地部分增值收益让渡给失地农民，通过提高征地补偿的年产值或倍数标准、制定一定区域范围内的综合补偿标准等办法，适当提高农民征地补偿安置标准。二是创新农民征地补偿安置的方式。"土地换社保"的推广，能有效地解决失地农民的长远生计问题；一些地方在征地的时候，给农村集体组织保留一部分农村集体经营性建设用地，或租或自用，保障了集体组织及农民长期收益。

三　完善土地增值收益分配机制

在统一城乡建设用地市场的过程中，政府应根据土地增值收益的来源，在国家、城市居民、失地农民和在乡农民之间建立合理的土地增值利益分配机制。针对土地的供求性增值和用途性增值，根据土地的所有制性质，应收归国家或集体所有。土地的投资性增值由于是因为土地所有者或所有者的投入而增值，在投资主体明确的情况下，相关的投资主体应有权享受增值部分。尤其对因私人投资形成增值部分，国家必须要保护私人的收益分享权。但在现实中，此三类增值收益往往混杂在一起，具体量化非常难，由此需要发挥国家的调节作用。当前最为突出的是，国家征收城市边缘的土地造成的增值收益的具体归属问题，因为三种增值因素都有，具体的比例很难分清。过去通常的做法是把失地农民排除在土地增值收益之外，农民无法享受土地增值带来的收益。现行对失地农民的兼顾短期与长期利益的“一揽子”措施，其实质的内容是将部分土地增值收益让与了农民，使其享受了土地的部分发展权，这是社会进步的表现。当前，政府要放弃地方政府在土地供给市场独家垄断的地位，有序引导集体经营性建设用地进入土地一级市场，让农村集体组织及农民直接从土地出让中获得土地出让收益。

政府是当前土地增值收益的主体，但来源太过单一，一味依靠土地出让收入；土地出让收入是若干年地租收入的现值，但多为现任政府消费，没有给以后政府留下财力空间，必须通过立法解决这一现实制度性缺陷；此外，除直接获取土地出让收入之外，政府可以通过征收土地增值税、按比例分享流转收益等税收形式参与其中土地增值分配；另外，建立以财产税为基础的地方税体系也是可行的制度选项，特别是应对房地产因公共投资而造成的升值部分征税，实现“溢价归公”。

四　优化土地出让制度

现代社会中的政府承担着多种社会责任。在土地市场上，（地方）政府是国有土地所有者的代表，政府有充分理由获取应得的土地收益；但在更高的层次上，它是整个经济和社会的管理者，（地方）政府在土地市场上的目标定位要服从于公共政策目标的整体安排，毕竟政府的财政收支行为是为政府的整体公共目标服务。从宏观和长期可持续性的角度来看，实现社会整体的可持续、平稳发展是一个国家追求的最高目标，相应地，土地出让政策的首要目标是实现对土地资源的合理开发利用，次要目标是筹集财政收入。进一步改革完善现行土地出让制度，允许集体（经营性）建设用地直接进入土地出让一级市场，打破政府垄断供给的局面，一方面让土地交易“市场定价”机制真正地发挥作用；另一方面通过分割用地市场的办法，继续规范和完善房地产用地“限房价竞地价”“双向竞价”“综合评标”等多种出让价格形成模式，以此保证实现土地出让市场的多重目标定位。

第四节　健全城乡发展一体化体制机制

城乡二元结构是制约城乡发展一体化的主要障碍。城乡二元结构也是土地财政产生的重要制度基础，而与此同时，土地财政将城乡二元结构进一步固化。这与中国以往一直坚持的“效率优先，兼顾公平”不可分割。在经济社会的转型初期，为实现经济跨越式发展，这种选择也不无道理，但是中国经济社会发展程度的提高，以及经济社会转型中各种社会矛盾、利益冲突的爆发。必须对公平与效率问题有更为全面的认识。新时期，政府应成为社会公平的捍卫者，弱者的保护伞。无论是在政府政策的制定还是支出安排上都应摒弃城市偏向。

基于此，在进行土地财政支出安排时必须贯彻城乡发展一体化均衡发展原则。必须健全体制机制，形成以工促农、以城带乡、工农互惠、城乡一体的新型工农城乡关系，让广大农民平等参与现代化进程、共同分享现代化成果。首先，应贯彻《中共中央关于全面深化改革若干重大问题的决定》，赋予农民更多财产权利。保障农民集体经济组织成员权利，积极发展农民股份合作，赋予农民对集体资产股份占有、收益、有偿退出及抵押、担保、继承权。保障农户宅基地用益物权，改革完善农村宅基地制度，选择若干试点，慎重稳妥推进农民住房财产权抵押、担保、转让，探索农民增加财产性收入渠道。建立农村产权流转交易市场，推动农村产权流转交易公开、公正、规范运行。其次，推进城乡要素平等交换和公共资源均衡配置。维护农民生产要素权益，保障农民工同工同酬，保障农民公平分享土地增值收益，保障金融机构农村存款主要用于农业农村。健全农业支持保护体系，改革农业补贴制度，完善粮食主产区利益补偿机制。完善农业保险制度。鼓励社会资本投向农村建设，允许企业和社会组织在农村兴办各类事业。统筹城乡基础设施建设和社区建设，推进城乡基本公共服务均等化。此外，在保证农民这些基本权利的同时，应同步开展户籍、社保改革等一系列制约城乡一体化的制度改革。

参考文献

安体富、窦欣：《论土地财政与房地产市场调控》，《地方财政研究》2011 年第 2 期。

白彦锋：《论中央与地方之间的税权博弈》，《税务研究》2008 年第 10 期。

毕继业等：《政府内部土地收益分配的博弈分析》，《中国土地科学》2003 年第 17 期。

曹广忠等：《土地财政、产业结构演变与税收超常规增长——中国“税收增长之谜”的一个分析视角》，《中国工业经济》2007 年第 12 期。

曹燕萍、罗娟：《地方财政土地出让金偏好的风险及规避》，《财经理论与实践》2012 年第 2 期。

陈斌开：《收入分配与中国居民消费——理论和基于中国的实证研究》，《南开经济研究》2012 年第 1 期。

陈斌开、林毅夫：《重工业优先发展战略、城市化和城乡工资差距》，《南开经济研究》2010 年第 1 期。

陈工、洪礼阳：《财政分权对城乡收入差距的影响研究——基于省级面板数据的分析》，《财政研究》2012 年第

8 期。

陈国富：《卿志琼城乡分割、程序失范与农民利益——城市化进程中失地农民利益的经济学分析》，《开放时代》2007 年第 5 期。

陈国富：《谁是中国土地的拥有者?》，《中国新闻周刊》2008 年第 43 期。

陈国富、卿志琼：《财政幻觉下的中国土地财政——一个法经济学视角》，《南开学报》（哲学社会科学版）2009 年第 1 期。

陈国富、卿志琼：《权利保护的经济理论与中国转型期的地权流转》，《南开学报》（哲学社会科学版）2011 年第 1 期。

陈丽华等：《城市化进程中以财政制度创新缩小城乡收入差距》，《财政研究》2012 年第 1 期。

陈沁、袁志刚：《土地替代教育——城市化进程中农业家庭的教育选择》，《经济学（季刊）》2013 年第 1 期。

陈志勇、陈莉莉：《“土地财政”：困局的破解》，《财政监督》2012 年第 7 期。

陈志勇、陈莉莉：《“土地财政”：缘由与出路》，《财政研究》2010 年第 1 期。

陈志勇、陈莉莉：《财税体制变迁、“土地财政”与经济增长》，《财贸经济》2011 年第 12 期。

陈志勇、陈莉莉：《财政体制变迁、“土地财政”与产业结构调整》，《财政研究》2011 年第 11 期。

陈志勇、陈莉莉：《财政体制与地方政府财政行为探讨——基于治理“土地财政”的视角》，《中南财经政法大学学报》2009 年第 2 期。

陈志勇、陈莉莉：《楼市危机与“土地财政”的转型》，《当代财经》2009 年第 3 期。

成德宁：《论城市偏向与农村贫困》，《武汉大学学报》（哲学社会科学版）2005 年第 2 期。

程开明：《城市化、技术创新与经济增长——基于创新中介效应的实证研究》，《统计研究》2009 年第 5 期。

程开明：《城市偏向视角下的农地征用》，《农村经济》2006 年第 12 期。

程开明：《从城市偏向到城乡统筹发展——城市偏向政策影响城乡差距的 Panel Data 证据》，《经济学家》2008 年第 3 期。

程开明、李金昌：《城市偏向、城市化与城乡收入差距的作用机制及动态分析》，《数量经济技术经济研究》2007 年第 7 期。

程睿娴、李妍：《国内土地财政研究述评》，《经济问题探索》2011 年第 2 期。

程瑶：《地方政府房地产税收依赖的国际比较与借鉴》，《财政研究》2012 年第 11 期。

崔云：《中国经济增长中土地资源的“尾效”分析》，《经济理论与经济管理》2007 年第 11 期。

邓宏图：《历史上的“官商”：一个经济学分析》，《经济学（季刊）》2003 年第 2 期。

邓旋：《财政支出规模、结构与城乡收入不平等——基于中国省级面板数据的实证分析》，《经济评论》2011 年第 4 期。

丁静：《国民收入循环视角的土地出让金性质及相关政策乘数》，《中国土地科学》2011 年第 11 期。

董再平：《地方政府“土地财政”的现状、成因和治理》，《理论导刊》2008 年第 12 期。

杜江、刘渝：《农业经济增长因素分析：物质资本，人力资本，还是对外贸易?》，《南开经济研究》2010 年第 3 期。

杜两省等：《农产品价格上涨和通货膨胀的互动机制及共同原因》，《经济理论与经济管理》2012 年第 6 期。

丰雷等：《土地金融对中国宏观经济的影响》，《中国土地科学》2010 年第 12 期。

傅勇：《城乡差距、数量悖论与政策偏向》，《经济社会体制比较》2005 年第 4 期。

傅勇、张晏：《中国式分权与财政支出结构偏向：为增长而竞争的代价》，《管理世界》2007 年第 3 期。

盖凯程、李俊丽：《中国城市土地市场化进程中的地方政府行为研究》，《财贸经济》2009 年第 6 期。

高彦彦等：《从城市偏向到城乡协调发展的政治经济逻辑》，《当代经济科学》2010 年第 5 期。

高迎春等：《城中村再城市化的土地利用分析》，《华中师范大学学报》（自然科学版）2008 年第 4 期。

宫汝凯：《分税制改革、土地财政和房价水平》，《世界经济文汇》2012 年第 4 期。

宫汝凯：《分税制改革与中国城镇房价水平——基于省级面板的经验证据》，《金融研究》2012 年第 8 期。

辜胜阻、刘江日：《城镇化要从“要素驱动”走向“创新驱动”》，《人口研究》2012 年第 6 期。

辜胜阻、杨威：《反思当前城镇化发展中的五种偏向》，《中国人口科学》2012 年第 3 期。

郭珂：《土地财政依赖、财政缺口与房价——基于省际面板数据的研究》，《经济评论》2013 年第 2 期。

郭庆旺、赵旭杰：《地方政府投资竞争与经济周期波动》，《世界经济》2012 年第 5 期。

郭新华、何鑫：《中国居民消费水平变动的实证研究：1978—2009》，《湘潭大学学报》（哲学社会科学版）2012 年第 1 期。

国务院发展研究中心课题组、刘世锦、陈昌盛：《农民工市民化对扩大内需和经济增长的影响》，《经济研究》2010 年第 6 期。

韩本毅：《城市化与地方政府土地财政关系分析》，《城市发展研究》2010 年第 5 期。

何杨、满燕云：《地方融资平台债务：规模、风险与治理》，《财政研究》2012 年第 2 期。

何杨、满燕云：《地方政府债务融资的风险控制——基于土地财政视角的分析》，《财贸经济》2012 年第 5 期。

贺蕊莉：《后“土地财政”时代地方财政收入行为风险研究——基于财政社会学的视角》，《农业经济问题》2011 年第 1 期。

胡洪曙、杨君茹：《财产税替代土地出让金的必要性及可行性研究》，《财贸经济》2008 年第 9 期。

胡家勇：《地方政府“土地财政”依赖与利益分配格局——基于东部地区 Z 镇调研数据的分析与思考》，《财贸经济》2012 年第 5 期。

胡秋阳：《农民工市民化对地方经济的影响——基于浙江 CGE 模型的模拟分析》，《管理世界》2012 年第 3 期。

胡永刚、郭长林：《股票财富、信号传递与中国城镇居民消费》，《经济研究》2012 年第 3 期。

黄凌翔：《土地政策参与宏观调控研究综述》，《城市问题》2010 年第 3 期。

黄少安、孙涛：《非正规制度、消费模式和代际交叠模型——东方文化信念中居民消费特征的理论分析》，《经济研究》2005 年第 4 期。

黄少安等：《“租税替代”、财政收入与政府的房地产政策》，《经济研究》2012 年第 8 期。

黄威、丛树海：《我国财政政策对居民消费的影响：基于省级城乡面板数据的考察》，《财贸经济》2011 年第 5 期。

黄晓宇等：《土地市场与宏观经济关系的理论分析及实证检验》，《中国土地科学》2006 年第 4 期。

黄忠华等：《土地供应对住房价格影响的实证研究——以上海市为例》，《经济地理》2009 年第 4 期。

贾康、刘微：《“土地财政”：分析及出路——在深化财税改革中构建合理、规范、可持续的地方“土地生财”机制》，《财政研究》2012 年第 1 期。

贾康、刘微：《“土地财政”论析——在深化财税改革中构建合理、规范、可持续的地方“土地生财”机制》，《经济学动态》2012 年第 1 期。

贾伟、辛贤：《农村劳动力转移对国民经济增长的贡献》，《中国农村经济》2010 年第 3 期。

江飞涛、曹建海：《市场失灵还是体制扭曲——重复建设形成机理研究中的争论、缺陷与新进展》，《中国工业经济》2009 年第 1 期。

江飞涛等：《地区竞争、体制扭曲与产能过剩的形成机理》，《中国工业经济》2012 年第 6 期。

蒋省三等：《土地制度改革与国民经济成长》，《管理世界》2007 年第 9 期。

蒋震、邢军：《地方政府“土地财政”是如何产生的》，《宏观经济研究》2011 年第 1 期。

靳相木、丁静：《土地出让制度改革的三个视角及其综合》，《农业经济问题》2010 年第 10 期。

鞠方等：《土地出让收入、地方财政支出对我国房价影响的区域差异性研究》，《财经理论与实践》2013 年第 1 期。

康锋莉、郑一萍：《政府支出与经济增长：近期文献综述》，《财贸经济》2005 年第 1 期。

孔善广：《分税制后地方政府财事权非对称性及约束激励机制变化研究》，《经济社会体制比较》2007 年第 1 期。

况伟大：《房地产投资、房地产信贷与中国经济增长》，《经济理论与经济管理》2011 年第 1 期。

况伟大：《中国住房市场存在泡沫吗》，《世界经济》

2008 年第 12 期。

况伟大：《住房特性、物业税与房价》，《经济研究》2009 年第 4 期。

况伟大、李涛：《土地出让方式、地价与房价》，《金融研究》2012 年第 8 期。

雷根强、蔡翔：《初次分配扭曲、财政支出城市偏向与城乡收入差距——来自中国省级面板数据的经验证据》，《数量经济技术经济研究》2012 年第 3 期。

李保春：《我国土地财政现象若干思考》，《财政研究》2010 年第 7 期。

李飞跃、林毅夫：《发展战略、自生能力与发展中国家经济制度扭曲》，《南开经济研究》2011 年第 5 期。

李广众：《政府支出与居民消费：替代还是互补》，《世界经济》2005 年第 5 期。

李辉：《推进我国房产税改革的国际经验借鉴及启示》，《价格理论与实践》2012 年第 5 期。

李冀等：《关于地方政府国有土地差异化出让行为动机的经验分析》，《经济科学》2012 年第 1 期。

李建强：《我国财政支出结构与居民消费异质性动态关系》，《山西财经大学学报》2012 年第 1 期。

李明月、胡竹枝：《土地要素对经济增长贡献的实证分析——以上海市为例》，《软科学》2005 年第 6 期。

李尚蒲、罗必良：《我国土地财政规模估算》，《中央财经大学学报》2010 年第 5 期。

李涛：《财政分权背景下的土地财政：制度变迁、收益分配和绩效评价》,《经济学动态》2012 年第 10 期。

李文军:《中国财政支出结构演变与转型研究》,《社会科学》2013 年第 8 期。

李学文、卢新海:《经济增长背景下的土地财政与土地出让行为分析》,《中国土地科学》2012 年第 8 期。

李永友:《市场主体信心与财政乘数效应的非线性特征——基于 SVAR 模型的反事实分析》,《管理世界》2012 年第 1 期。

李勇刚、李祥:《财政分权、地方政府竞争与房价波动:中国 35 个大中城市的实证研究》,《软科学》2012 年第 1 期。

李勇刚等:《晋升激励、土地财政与经济增长的区域差异——基于面板数据联立方程的估计》,《产业经济研究》2013 年第 1 期。

梁若冰:《财政分权下的晋升激励、部门利益与土地违法》,《经济学(季刊)》2010 年第 1 期。

林江鹏、樊小璞:《我国财政农业投入产出效率研究——以农业综合开发中的土地治理项目为例》,《经济学家》2009 年第 8 期。

林毅夫:《战略抉择是经济改革与发展成功的关键》,《经济科学》1994 年第 3 期。

林毅夫:《中国的城市发展与农村现代化》,《北京大学学报》(哲学社会科学版)2002 年第 4 期。

林毅夫:《中国怎样从“中等收入陷阱”突围》,《理论学习》2012 年第 11 期。

林毅夫、陈斌开：《发展战略、产业结构与收入分配》，《经济学（季刊）》2013 年第 4 期。

林毅夫、刘明兴：《经济发展战略与中国的工业化》，《经济研究》2004 年第 7 期。

林毅夫、刘志强：《中国的财政分权与经济增长》，《北京大学学报》（哲学社会科学版）2000 年第 4 期。

林毅夫、谭国富：《自生能力、政策性负担、责任归属和预算软约束》，《经济社会体制比较》2000 年第 4 期。

林毅夫、余淼杰：《我国价格剪刀差的政治经济学分析：理论模型与计量实证》，《经济研究》2009 年第 1 期。

林毅夫等：《对赶超战略的反思》，《战略与管理》1994 年第 6 期。

刘畅：《住房市场转型和调控中的地方财政风险：理论逻辑与应对策略》，《宏观经济研究》2012 年第 6 期。

刘红梅等：《中国县级土地财政收入问题研究》，《中国土地科学》2010 年第 11 期。

刘建国：《我国农户消费倾向偏低的原因分析》，《经济研究》1999 年第 3 期。

刘民权、孙波：《商业地价形成机制、房地产泡沫及其治理》，《金融研究》2009 年第 10 期。

刘尚希：《我国城镇化对财政体制的“五大挑战”及对策思路》，《地方财政研究》2012 年第 4 期。

刘守英：《“土地财政”出路在于改变城市化动力机制》，《农村经营管理》2011 年第 5 期。

刘守英、蒋省三：《土地融资与财政和金融风险——来自东部一个发达地区的个案》，《中国土地科学》2005 年第 5 期。

刘小玲：《我国土地市场化过程中的三方博弈分析》，《财贸经济》2005 年第 11 期。

刘耀彬、陈斐：《中国城市化进程中的资源消耗“尾效”分析》，《中国工业经济》2007 年第 11 期。

刘耀彬、杨新梅：《基于内生经济增长理论的城市化进程中资源环境“尾效”分析》，《中国人口·资源与环境》2011 年第 2 期。

刘志彪：《以城市化推动产业转型升级——兼论“土地财政”在转型时期的历史作用》，《学术月刊》2010 年第 10 期。

刘子兰、陈梦真：《养老保险与居民消费关系研究进展》，《经济学动态》2010 年第 1 期。

卢洪友等：《土地财政根源：“竞争冲动”还是“无奈之举”？——来自中国地市的经验证据》，《经济社会体制比较》2011 年第 1 期。

卢荣善：《经济学视角：日本农业现代化经验及其对中国的适用性研究》，《农业经济问题》2007 年第 2 期。

陆铭、陈钊：《为什么土地和户籍制度需要联动改革——基于中国城市和区域发展的理论和实证研究》，《学术月刊》2009 年第 9 期。

吕丹、王钰：《地方政府土地财政的综合经济影响及改革路径分析——基于对大连市土地财政实证研究》，《财经问题研究》2013 年第 1 期。

吕旺实、王美桃：《资源和资产连续升值是财政收入“超速”增长的重要原因——财政收入为什么大幅度超 GDP 增长研究之二》，《经济研究参考》2012 年第 32 期。

吕炜、储德银：《财政政策对私人消费需求的非线性效应：基于 OECD 跨国面板数据的经验分析》，《经济社会体制比较》2011 年第 1 期。

吕炜、储德银：《城乡居民收入差距与经济增长研究》，《经济学动态》2011 年第 12 期。

吕炜、刘晨晖：《财政支出、土地财政与房地产投机泡沫——基于省际面板数据的测算与实证》，《财贸经济》2012 年第 12 期。

吕炜、刘晨晖：《中国经济转轨进程中的财政改革原理》，《财经问题研究》2010 年第 11 期。

吕炜、许宏伟：《土地财政的经济影响及其后续风险应对》，《经济社会体制比较》2012 年第 6 期。

罗必良：《产权强度与农民的土地权益：一个引论》，《华中农业大学学报》（社会科学版）2013 年第 5 期。

罗必良：《分税制、财政压力与政府“土地财政”偏好》，《学术研究》2010 年第 10 期。

罗楚亮：《经济转轨、不确定性与城镇居民消费行为》，《经济研究》2004 年第 4 期。

罗明忠、罗必良：《产权强度、政策支持与务农收益研究综述与分析》，《经济学动态》2012 年第 9 期。

骆祖春：《土地财政的理论生成机制与实证分析》，《现代经济探讨》2012 年第 12 期。

骆祖春:《香港土地财政问题的化解及其启示》,《现代经济探讨》2013 年第 12 期。

骆祖春、赵奉军:《美国土地财政的背景、经历与治理》,《学海》2012 年第 6 期。

骆祖春等:《土地财政的标尺竞争机制与空间效应分析》,《学海》2011 年第 6 期。

彭国华:《中国地区收入差距、全要素生产率及其收敛分析》,《经济研究》2005 年第 9 期。

钱陈、史晋川:《城市化、结构变动与农业发展——基于城乡两部门的动态一般均衡分析》,《经济学(季刊)》2007 年第 1 期。

钱争鸣、方丽婷:《我国财政支出结构对城乡居民收入差距的影响》,《厦门大学学报》(哲学社会科学版)2012 年第 5 期。

曲福田等:《土地利用变化对碳排放的影响》,《中国人口·资源与环境》2011 年第 10 期。

曲兆鹏、赵忠:《老龄化对我国农村消费和收入不平等的影响》,《经济研究》2008 年第 12 期。

申兵:《我国农民工市民化的内涵、难点及对策》,《中国软科学》2011 年第 2 期。

孙海波、杨新华:《论城乡二元经济结构下的城市偏向战略》,《中国集体经济》2009 年第 1 期。

孙少芹、邢戬:《后土地财政时期地方政府财政收入问题研究》,《改革与开放》2012 年第 14 期。

谭术魁等:《土地出让收入的公共性质及其实现》,《管理世界》2012 年第 7 期。

谭术魁等：《土地投入对中国经济增长的影响》，《中国人口·资源与环境》2012 年第 9 期。

汤玉刚：《财政竞争、土地要素资本化与经济改革——以国企改制过程为例》，《财贸经济》2011 年第 4 期。

汤玉刚、陈强：《分权、土地财政与城市基础设施》，《经济社会体制比较》2012 年第 6 期。

唐健等：《中国商住用地价格倒挂及其产生机理》，《中国土地科学》2011 年第 1 期。

陶然等：《地区竞争格局演变下的中国转轨：财政激励和发展模式反思》，《经济研究》2009 年第 7 期。

陶然等：《区域竞争、土地出让与地方财政效应：基于 1999—2003 年中国地级城市面板数据的分析》，《世界经济》2007 年第 10 期。

童大龙：《财政与经济增长方式转变》，《财贸研究》1997 年第 5 期。

万解秋、徐涛：《政府支出、财政扩张与货币政策效率》，《财贸经济》2011 年第 2 期。

汪冲：《城际政府公共投资策略互动行为及其形成机制——基于 278 个地级及以上城市数据的实证分析》，《财经研究》2011 年第 2 期。

汪锋等：《经济体制改革与中国城乡经济发展不平衡》，《中国软科学》2007 年第 5 期。

汪利娜：《我国土地财政的不可持续性》，《经济研究参考》2009 年第 42 期。

王斌、高波：《土地财政、晋升激励与房价棘轮效应的实证分析》，《南京社会科学》2011 年第 5 期。

王芳芳、董骁：《地方政府的“土地财政”及其弊端》，《城市问题》2010 年第 2 期。

王国刚：《关于“地方政府融资平台债务”的冷思考》，《财贸经济》2012 年第 9 期。

王家庭：《中国区域经济增长中的土地资源尾效研究》，《经济地理》2010 年第 12 期。

王克强等：《城乡一体化的土地市场运行特征及利益保障制度》，《中国土地科学》2010 年第 12 期。

王克强等：《美国土地财政收入发展的演化规律及启示》，《经济研究参考》2011 年第 18 期。

王克强等：《中国地方土地财政收入增长影响因素实证研究》，《财经研究》2012 年第 4 期。

王立勇、高伟：《财政政策对私人消费非线性效应及其解释》，《世界经济》2009 年第 9 期。

王平、肖文：《二次城市化、土地开发与经济增长》，《财经研究》2011 年第 9 期。

王颂吉、白永秀：《城市偏向理论研究述评》，《经济学家》2013 年第 7 期。

王伟同：《财政能力与横向公平：两种均等化模式关系辨析——兼论中国公共服务均等化实现路径选择》，《经济社会体制比较》2012 年第 6 期。

王先柱、赵奉军：《房价波动与财政收入：传导机制与实证分析》，《财贸经济》2012 年第 11 期。

王学龙、杨文：《中国的土地财政与房地产价格波动——基于国际比较的实证分析》，《经济评论》2012 年第 4 期。

王玉波：《土地财政推动经济与城市化作用机理及实证研究》，《南京农业大学学报》（社会科学版）2013 年第 3 期。

王元京等：《地方政府融资面临的挑战与模式再造——以城市建设为例》，《经济理论与经济管理》2010 年第 4 期。

吴群、李永乐：《财政分权、地方政府竞争与土地财政》，《财贸经济》2010 年第 7 期。

吴智刚、周素红：《快速城市化地区城市土地开发模式比较分析》，《中国土地科学》2006 年第 1 期。

武康平、闫勇：《土地财政：一种"无奈"选择更是一种"冲动"行为——基于地级城市面板数据分析》，《财政研究》2012 年第 10 期。

肖全章、郭欢：《土地财政与我国财政体制关系的经验研究》，《财经问题研究》2012 年第 1 期。

谢书玲等：《中国经济发展中水土资源的"增长尾效"分析》，《管理世界》2005 年第 7 期。

辛波、吴红：《基于 VAR 模型的土地财政与地方经济增长相关性分析》，《统计与决策》2012 年第 22 期。

辛波、于淑俐：《对土地财政与经济增长相关性的分析》，《农村经济》2010 年第 3 期。

熊和平：《消费习惯、异质偏好与动态资产定价：纯交换经济情形》，《经济研究》2005 年第 10 期。

徐朝阳、林毅夫：《发展战略、休克疗法与经济转型》，《管理世界》2011 年第 1 期。

徐朝阳、林毅夫：《发展战略与经济增长》，《中国社会科学》2010 年第 3 期。

徐济益、许诺：《财政理性下的地方政府征地行为及其偏差矫正》，《经济体制改革》2010 年第 2 期。

徐湘林：《转型危机与国家治理：中国的经验》，《经济社会体制比较》2010 年第 5 期。

薛白、赤旭：《土地财政、寻租与经济增长》，《财政研究》2010 年第 2 期。

薛俊波等：《中国经济增长的“尾效”分析》，《财经研究》2004 年第 9 期。

严成樑、龚六堂：《财政支出、税收与长期经济增长》，《经济研究》2009 年第 6 期。

杨超：《应用 Panel—Data 模型对我国城镇居民消费的研究》，《统计与信息论坛》2003 年第 1 期。

杨刚强等：《差别化土地政策促进区域协调发展的机制与对策研究》，《中国软科学》2012 年第 10 期。

杨良松：《中国的财政分权与地方政府的城市偏向政策：财政独立性与省内分权的视角》，《制度经济学研究》2013 年第 1 期。

杨帅、温铁军：《经济波动、财税体制变迁与土地资源资本化——对中国改革开放以来“三次圈地”相关问题的实证分析》，《管理世界》2010 年第 4 期。

杨晓冬、李岳：《基本消费理论及上海市城镇居民消费特征的演变——对上海市城镇居民消费的分析》，《经济研究》1997 年第 9 期。

杨圆圆：《“土地财政”规模估算及影响因素研究》，《财贸经济》2010 年第 10 期。

叶德珠等：《消费文化、认知偏差与消费行为偏差》，《经济研究》2012 年第 2 期。

叶海云：《试论流动性约束、短视行为与我国消费需求疲软的关系》，《经济研究》2000 年第 11 期。

叶剑平：《房产税，后土地财政时期的制度选择》，《中国地产市场》2012 年第 9 期。

叶剑平、毕宇珠：《德国城乡协调发展及其对中国的借鉴——以巴伐利亚州为例》，《中国土地科学》2010 年第 5 期。

叶巍、陈建国：《运用 Monte Carlo 解决开发区土地开发收益不确定性评价问题》，《建筑经济》2008 年第 S1 期。

于长革：《“土地财政”路径下经济增长的不确定性及相关政策建议》，《地方财政研究》2012 年第 10 期。

袁飞等：《财政集权过程中的转移支付和财政供养人口规模膨胀》，《经济研究》2008 年第 5 期。

袁志刚：《关于中国“刘易斯拐点”的三个疑问》，《当代经济》2010 年第 19 期。

曾国安、胡晶晶：《论中国城市偏向的财政制度与城乡居民收入差距》，《财政研究》2009 年第 2 期。

翟晓英、刘维奇：《居民消费能力视角下的中国经常账户顺差影响因素协整分析》，《财经研究》2012 年第 3 期。

张国胜、陈瑛：《社会成本、分摊机制与我国农民工市民化——基于政治经济学的分析框架》，《经济学家》2013年第1期。

张莉等：《财政激励、晋升激励与地方官员的土地出让行为》，《中国工业经济》2011年第4期。

张青、胡凯：《中国土地财政的起因与改革》，《财贸经济》2009年第9期。

张涛等：《公共设施评价中的异质性信念与房产价格——中国房产泡沫生成的可能解释》，《经济学（季刊）》2008年第1期。

张涛等：《制造业、土地成本与中国城市发展——中国城市化决定因素的面板数据模型》，《金融研究》2007年第3期。

张昕：《城市化过程中土地出让金与城市经济增长关系研究——以北京市为例》，《价格理论与实践》2008年第1期。

张昕：《土地出让金与城市经济增长关系实证研究》，《城市问题》2011年第11期。

张昕：《我国城市化过程中土地问题与政府行为模式分析》，《兰州学刊》2008年第4期。

张晏、龚六堂：《分税制改革、财政分权与中国经济增长》，《经济学（季刊）》2005年第4期。

张燕君等：《土地制度与“土地财政”对房价上涨的影响及平抑对策》，《理论导刊》2012年第2期。

赵安平、罗植：《扩大民生支出是否会推高房价》，《世界经济》2012 年第 1 期。

赵国玲等：《“土地财政”的效应分析》，《生态经济》2008 年第 7 期。

赵合云：《“土地财政”的生成机制：一个逆向软预算约束理论的分析框架》，《财政研究》2011 年第 10 期。

中国经济增长前沿课题组：《城市化、财政扩张与经济增长》，《经济研究》2011 年第 11 期。

周彬、杜两省：《“土地财政”与房地产价格上涨：理论分析和实证研究》，《财贸经济》2010 年第 8 期。

周飞舟：《大兴土木：土地财政与地方政府行为》，《经济社会体制比较》2010 年第 3 期。

周飞舟：《分税制十年：制度及其影响》，《中国社会科学》2006 年第 6 期。

周飞舟：《生财有道：土地开发和转让中的政府和农民》，《社会学研究》2007 年第 1 期。

周建、杨秀祯：《我国农村消费行为变迁及城乡联动机制研究》，《经济研究》2009 年第 1 期。

周凯来：《现代化论、城市偏向论和经济依赖论——当代西方的三种人口城市化与经济发展理论》，《人口与经济》1990 年第 5 期。

周天勇、张弥：《中国土地制度的进一步改革和修法》，《财贸经济》2011 年第 2 期。

周雪飞：《当前我国土地财政“倒逼金融”现象分析及对策研究》，《财政研究》2008 年第 9 期。

朱国林等：《中国的消费不振与收入分配：理论和数

据》，《经济研究》2002 年第 5 期。

朱靖娟、李放：《土地出让金改革的财政学解析》，《新疆大学学报》（哲学·人文社会科学版）2011 年第 2 期。

朱丽娜、石晓平：《中国土地出让制度改革对地方财政收入的影响分析》，《中国土地科学》2010 年第 7 期。

朱信凯、刘刚：《二元金融体制与农户消费信贷选择——对合会的解释与分析》，《经济研究》2009 年第 2 期。

朱信凯、骆晨：《消费函数的理论逻辑与中国化：一个文献综述》，《经济研究》2011 年第 1 期。

庄子银、邹薇：《公共支出能否促进经济增长：中国的经验分析》，《管理世界》2003 年第 7 期。

左翔、殷醒民：《土地一级市场垄断与地方公共品供给》，《经济学（季刊）》2013 年第 2 期。

Ann O. M. Bowman, et al., "The Homevoter Hypothesis: How Home Values Influence Local Government Taxation, School Finance, and Land - Use Policies", *The Journal of Politics*, 2005, 67 (2): 616 - 619.

Aschauer D. A., "Fiscal Policy and Aggregate Demand", *The American Economic Review*, 1985 (75): 117 - 27.

Bailey M. J., *National Income and the Price Level: A Study in Macro Theory*, 1971, New York: McGraw Hill.

Barro, R. J., "Government Spending in a Simple Model of Endogenous Growth", *Journal of Political Economy*, 1990 (98): S103 - S125.

Campbell J. Y. and Mankiw N. G., "Permanent Income,

Current Income and Consumption", *Journal of Business and Economic Statistics*, 1990 (8): 265 –79.

Evans P. and Karras G., "Private and Government Consumption with Liquidity Constraints", *Journal of International Money and Finance*, 1996 (15): 255 –66.

Geetha Nagarajan, "Informal Finance through Land Pawning Contracts: Evidencefrom the Philippines", *The Journal of Development Studies*, 1992, 29 (1): 93 –107.

Graham F. C., "Fiscal Policy and Aggregate Demand: Comment", *American Economic Review*, 1993 (83): 659 –66.

Heng – fu Zou, "Taxes, Federal Grants, Local Public Spending, and Growth", *Journal of Urban Economics*, 1996, 39 (3): 303 –317.

Karras G., "Government Spending and Private Consumption: Some International Evidence", *Journal of Money, Credit and Banking*, 1994 (26): 9 –22.

Mark Skidmore, et al., "The Relationship between TaxIncrement Finance and Municipal Land Annexation", *Land Economics*, 2009, 85 (4): 598 –613.

Monroe H., and Barrows Rosner, "School Finance Reform and Rural Land Use Policy Incentives", *Land Economics*, 1977, 53 (3): 288 –297.

Muellbauer J. and Lattimore R., "The Consumption Function: A Theoretical and Empirical Overview", *Handbook of applied econometrics*, Oxford: Blackwell Publisher Ltd., 1995.

Okubo M. , "Intratemporal Substitution between Private and Government Consumption: The Case of Japan", *Economics Letters*, 2003 (79): 75 – 81.

Paul Karras Georgios Evans, "Private and Government Consumption with Liquidity Constraints", *Journal of International Money and Finance*, 1996, 15 (2): 55 – 266.

Piotr Zientara, "Polish Regions in the Age of a Knowledge – based Economy", *International Journal of Urban and Regional Research*, 2008, 32 (1): 60 – 85.

Robert J. Barro, "Government Spending in a Simple Model of Endogeneous Growth", *Journal of Political Economy*, 1990, 98 (S5): S103.

Zou, H. , "Taxes, Federal Grants, Local Public Spending, and Growth", *Journal of Urban Economics*, 1996 (39): 303 – 317.